RÉGIMEN LOCAL ESPAÑOL

Municipios y Provincias
Ayuntamientos y Diputaciones
Atribuciones y Competencias

Juan J. Rocha Carro

Serie "Oposiciones Corporaciones Locales"

INDICE

PRESENTACIÓN..5
1.- RÉGIMEN LOCAL ESPAÑOL PRINCIPIOS
CONSTITUCIONALES Y REGULACIÓN JURÍDICA..........9
    La autonomía local..12
    La regulación jurídica del Régimen Local español.............15
    Plena capacidad jurídica de las Entidades Locales............15
    Servir con objetividad los intereses públicos:....................16
2.- CLASES DE ENTIDADES LOCALES.............................16
3.- COMPETENCIAS DE LAS ENTIDADES LOCALES....19
4.- ORGANIZACIÓN MUNICIPAL......................................22
    El régimen ordinario de gobierno y administración municipa
....22
    Régimen de organización de los municipios de gran
    población...22
    Organización municipal:..25
    Organización municipal en los municipios de gran población
    (órganos superiores y directivos)...26
    El Alcalde..33
    Atribuciones del Alcalde en los municipios de gran
    población...36
    Los Tenientes de Alcalde en los municipios de gran
    población...38
    El Pleno...39
Materias que requieren el voto favorable de la mayoría absoluta del
número legal de miembros de las corporaciones para la adopción de
acuerdos..42
    Atribuciones del Pleno en los municipios de gran población:
....44
    Organización del Pleno en los municipios de gran
    población:...46
    La Junta de Gobierno Local..49
    La Junta de Gobierno Local en los municipios de gran
    población...49

Atribuciones de la Junta de Gobierno Local en los municipios de gran población..51
Órganos territoriales de gestión desconcentrada.................52
Órgano administrativo responsable de la asistencia jurídica al Alcalde, a la Junta de Gobierno Local y a los órganos directivos:...54
Regulación por las Comunidades Autónomas de los entes de ámbito territorial inferior al Municipio................................54

5.- COMPETENCIAS MUNICIPALES.................................56
Delegación de competencias en los Municipios por parte del Estado y las Comunidades Autónomas.................................59

6.- ORGANIZACIÓN PROVINCIAL.....................................63
El Pleno..64
El Presidente...66
La Junta de Gobierno...68

7.- COMPETENCIAS PROVINCIALES................................70
Competencias propias de la Diputación..............................70

REGLAS BASICAS Y PROGRAMAS MINIMOS A QUE DEBEN AJUSTARSE EL PROCEDIMIENTO DE SELECCIÓN DE LOS FUNCIONARIOS DE ADMINISTRACIÓN LOCAL...75

COMPETENCIAS DE LA ADMINISTRACIÓN DEL ESTADO EN MATERIA DE PERSONAL DE LAS ENTIDADES LOCALES SEGUN EL RDL 781/1986...........81

PRESENTACIÓN

Quien se decida a preparar oposiciones a plazas de la Administración Local enseguida se encontrará con la necesidad de afrontar el estudio y conocimiento de una materia específica como lo es la del Régimen Local Español; sus peculiaridades en cuanto a la clase de entidades locales, su organización, competencias y atribuciones.

Afrontar el estudio de las materias para oposiciones requiere dominar los conceptos que se tratan en la normativa específica. No sólo basta con tener una concepción general sino que es preciso bajar al ruedo de lo específico y concreto. Es ahí en donde podemos encontrar la correcta respuesta a las distintas formulaciones de preguntas que los tribunales pueden plantearnos en las pruebas selectivas.

Por otra parte conviene resaltar que **en las ejercicios tipo test nos encontramos con infinidad de preguntas que se pueden formular e innumerables el tipo de respuestas que nos ofrecen para responder como la correcta**. Sin embargo una cuestión que debe quedar meridianamente clara es que **la respuesta correcta siempre la encontraremos en algún texto legal o en una disposición reglamentaria.** Por eso es muy importante centrarnos en la esencia, en lo fundamental, en la terminología que los textos de las Leyes y Reglamentos que regulan las materias objeto de examen y que por tanto debemos conocer y llegar a dominar. <u>El test es una prueba objetiva por lo que no caben apreciaciones subjetivas, ni por parte de los opositores ni por los miembros del tribunal.</u>

Preparar pues una oposición en la base del estudio de la normativa es la técnica que nos llevará a poder afrontar con éxito otro tipo de pruebas como lo es contestar a preguntas cortas. Por descontado que nos dará asimismo mayor fortaleza a la hora de desarrollar por escrito un tema si es ese el tipo de examen que se proponen en las bases.

Es más que **recomendable fijar los términos de las expresiones, las palabras, el conjunto de palabras y su orden tal como se**

reflejan en la normativa. Pongamos un ejemplo. En una prueba tipo test pueden formular la siguiente pregunta con cuatro respuestas alternativas. Veamos que sólo una es la correcta. La más correcta. La única correcta.

Señale los valores superiores que propugna la Constitución Española en su art. 1.1

  a).- la libertad, la igualdad, la justicia, y el pluralismo político.
  b).- la libertad, la justicia, el pluralismo político y la igualdad.
  c).- la libertad, la justicia, la igualdad y el pluralismo político.
  d).- la libertad, el pluralismo político, la justicia, y la igualdad.

Otra cuestión interesante a tener en consideración a la hora de afrontar el estudio de materias concretas del temario, es **intentar relacionar siempre la materia con algún precepto constitucional.** De los mandatos y recomendaciones que formula la Constitución Española están desarrollados en las Leyes y sus Reglamentos y el resto del ordenamiento jurídico. O dicho de otra forma, cuando nos enfrentamos a una materia para el estudio, pensar siempre que esa materia tiene algún entronque directo con algún precepto constitucional. Tan pronto consigamos situarnos en esas consignas constitucionales nos llevará a visionar la materia con amplitud en cuanto a todo lo que se formula en la materia específica en cuestión.

Por lo anterior, y a modo de ejemplo, siempre es sugerente cuando tengamos alguna materia específica relacionada con los entes de la Administración Pública, fijarnos en lo que señala el art. 103.1 de la Constitución. *"**La Administración Pública** sirve con objetividad los intereses generales y actúa de acuerdo con los **principios de eficacia, jerarquía, descentralización, desconcentración y coordinación**, con <u>sometimiento pleno a la ley y al Derecho</u>"*. Comprobarás que la legislación específica de alguna forma hará referencias a alguno de los principios enumerados, sin perjuicio, claro está de otros que estén relacionados en el ámbito que se regula según la materia que se trate.

Pues bien, en buena lógica si **el legislador a la hora de abordar la elaboración de la normativa se basa y fundamenta en preceptos constitucionales**, ¿tú que estás preparando oposiciones no lo vas hacer también para afrontar el estudio con criterio y fundamento? Mi recomendación es que sí; que lo tengas siempre presente. Verás como todo te va encajando y que todo está relacionado. La jerarquía normaltiva debe estar presente siempre en tu mente.

Ser rigurosas/os en el estudio, pacientes a la vez, tenaces y no decaer nunca. Preparar una oposición con garantías de éxito requiere un tiempo, una cierta experiencia también. Descubrir tus fortalezas en cuanto a técnicas de estudio, organización de las tareas cotidianas del trabajo (del descanso también, por supuesto), e ir fijando metas paulatinamente a medida que vayas avanzando en la preparación del temario dará sus frutos. Convéncete.

La materia que se recopila en esta publicación relativa al Régimen Local te resultará de algún modo hasta familiar. Estudiar los preceptos constitucionales y legales de los municipios y provincias, de los ayuntamientos y las diputaciones y sus respectivas competencias. Lo verás más cercano. Mi sugerencia es que a medida que vayas avanzando en el esgtudio compruebes sobre el terreno, sobre tu entorno, la realidad de lo que estás estudiando, bien sea fijándote en tu municipio, en su organización, en las actividades que desarrolla en relación a sus competencias, etc; así como en todo aquello que resalten los medios de comunicación. Verás como le encuentras un sentido práctico y real de las cosas que estudias. Ten también la curiosidad por indagar y curiosear sobre el funcionamiento cotidiano de la Diputación de tu provincia y la relación con tu municipio e incluso con los del entorno.

Es obvio que los temas de tu oposición todos son importantes a la hora de su preparación. De cualquiera es susceptible que te formulen preguntas o ejercicios relativos a ellos; si bien y en concreto en lo relacionado con la materia que aquí se trata puedes tener la seguridad que con algo te encontrarás.

Estudia y prepara el temario pensando siempre en el tipo de pruebas que te exije la convocatoria. Mucho ánimo y verás como poco a poco todo saldrá bien.

RÉGIMEN LOCAL ESPAÑOL PRINCIPIOS CONSTITUCIONALES Y REGULACIÓN JURÍDICA. CLASES DE ENTIDADES LOCALES. COMPETENCIAS DE LAS ENTIDADES LOCALES.- ORGANIZACIÓN MUNICIPAL. COMPETENCIAS MUNICIPALES. ORGANIZACIÓN PROVINCIAL. COMPETENCIAS PROVINCIALES

1.- RÉGIMEN LOCAL ESPAÑOL PRINCIPIOS CONSTITUCIONALES Y REGULACIÓN JURÍDICA

La CE no define que es el Régimen Local. Sin embargo trata en tres artículos encuadrados en el Título VIII denominado "De la Organización Territorial del Estado" en su Capítulo Segundo lo dedicado a la "Administración Local", en sus artículos 140, 141 y 142.

El término "Régimen Local" se entiende como un conjunto de normas específicas que rigen la vida de los entes locales, referidas a su organización, competencias, recursos, y las relaciones con el Estado y Comunidades Autónomas.

Las instituciones que conforman las entidades locales, los municipios y las provincias son las fórmulas básicas de organización del Estado, junto con las Islas, entidades locales de ámbito inferior al municipio, Mancomunidades, Comarcas, Areas Metropolitanas y otras agrupaciones de municipios, las cuales se consideran también entidades locales.

El poder territorial de España se organiza en tres niveles: El Estado, las Autonomías y los Entes Locales. Su **relación** no es jerárquica, sino **de competencias,** bajo el **principio de competencia**.

Para afrontar el estudio referido a la temática del Régimen Local español se propone partir de las premisas que el texto constitucional establece en los artículos indicados, especialmente el 140 dedicado a los municipios y el 141 a las provincias. Ellos nos dan las claves en los que se mueve la normativa de los entes locales.

Sin embargo, antes de entrar en materia conviene recordar a quien le corresponde establecer la normativa referida al Régimen Local. Quien nos pone sobre la pista es la Constitución que en su art. 149.1 señala que el **Estado tiene competencia exclusiva en la materia**:

Artículo 149

1. El Estado tiene competencia exclusiva sobre las siguientes materias:
.....
18.ª Las bases del régimen jurídico de las Administraciones públicas y del régimen estatutario de sus funcionarios que, en todo caso, garantizarán a los administrados un tratamiento común ante ellas; el procedimiento administrativo común, sin perjuicio de las especialidades derivadas de la organización propia de las Comunidades Autónomas; legislación sobre expropiación forzosa; legislación básica sobre contratos y concesiones administrativas y el sistema de responsabilidad de todas las Administraciones públicas.

No menos importante y a tener en cuenta, lo que indica el apartado 3 del referido art. 149 sobre la exclusividad del Estado a la hora de establecer como competencias exclusivas: "Las **materias no atribuidas expresamente** al Estado por esta Constitución **podrán** corresponder a las Comunidades Autónomas, en virtud de sus respectivos Estatutos. <u>**La competencia sobre las materias que no se hayan asumido por los Estatutos de Autonomía corresponderá al Estado, cuyas normas prevalecerán, en caso de conflicto,** sobre las de las Comunidades Autónomas en todo lo que no esté atribuido a la exclusiva competencia de éstas. El derecho estatal será, en todo caso, supletorio del derecho de las Comunidades Autónoma</u>".

Bien, pues aclarados los preceptos anteriores, añadimos otro más del texto constitucional que nos vendrá muy bien para asimilar conceptos que de continúo nos encontraremos en la normativa. Es el ya mencionado art. 103.1. Debemos tener presente que la Administración municipal y provincial forman parte de la Administración Pública a la que se refiere dicho precepto.

Así es como podemos concluir que tanto **los municipios y provincias**:
- sirven con objetividad los intereses generales (de las personas que viven en sus respectivos territorios).
- actúan de acuerdo a los principios de eficacia, jerarquía, descentralización, desconcentración y eficacia.
- actúan con sometimiento pleno a la Ley y al Derecho, lo que nos lleva al principio de legalidad al que están sometidos los poderes públicos conforme establece el art. 9.1 de la Constitución; principio que por otra parte se garantiza en el art. 9.3

En las **relaciones interadministrativas** entre las Administraciones Públicas se realizará de acuerdo al **principio de lealtad institucional.**

Artículo 55. (LBRL)
Para la efectiva **coordinación** y **eficacia administrativ**a, la Administración General del Estado, así como las Administraciones autonómica y local, de acuerdo con el principio de lealtad institucional, **deberán** en sus relaciones recíprocas:
a) **Respetar el ejercicio legítimo por las otras Administraciones de sus competencias** y las consecuencias que del mismo se deriven para las propias.
b) **Ponderar,** en la actuación de las competencias propias, **la totalidad de los intereses públicos implicados** y, en concreto, aquellos cuya gestión esté encomendada a otras Administraciones.
c) **Valorar el impacto** que sus actuaciones, en **materia presupuestaria y financiera**, pudieran provocar en el resto de Administraciones Públicas.
d) **Facilitar a las otras Administraciones la información** sobre la propia gestión que sea relevante para el adecuado desarrollo por éstas de sus cometidos.

e) **Prestar**, en el ámbito propio, la **cooperación y asistencia** activas que las otras Administraciones pudieran precisar para el eficaz cumplimiento de sus tareas.

La **autonomía local** está reconocida por la CE. A saber.

Artículo 137.- El Estado se organiza territorialmente en **municipios, en provincias** y en las Comunidades Autónomas que se constituyan. Todas estas entidades **gozan de autonomía** para la gestión de sus respectivos intereses.

Autonomía de los municipios:
*Artículo 140.- La Constitución garantiza la autonomía de los **municipios**. Estos gozarán de **personalidad jurídica plena**. Su gobierno y administración corresponde a sus respectivos Ayuntamientos, integrados por los Alcaldes y los Concejales. Los Concejales serán elegidos por los vecinos del municipio mediante sufragio universal, igual, libre, directo y secreto, en la forma establecida por la ley. Los Alcaldes serán elegidos por los Concejales o por los vecinos. La ley regulará las condiciones en las que proceda el régimen del concejo abierto.*

Conceptos clave en relación a los municipios y la CE:
CE garantiza la autonomía
Tienen personalidad jurídica plena
Gobernados por los Ayuntamientos
Se integran por el Alcalde y los Concejales
Concejales elegidos por los vecinos del municipio (sufragio universal, igual, libre, directo y secreto)
Alcaldes elegidos por los Concejales o por los vecinos

El desarrollo de este precepto constitucional se ve plasmado en el Real Decreto 2568/1986, de 28 de noviembre, por el que se aprueba el

Reglamento de Organización, Funcionamiento y Régimen Jurídico de las Entidades Locales (ROF)

Artículo 4.
1. El Municipio, la Provincia y la Isla **gozan de autonomía para la gestión de sus respectivos intereses,** en los términos de la Ley 7/1985, de 2 de abril, y en su calidad de Administraciones Públicas de carácter territorial, y dentro de la esfera de sus competencias, **les corresponden en todo caso:**
a) Las potestades reglamentaria y de autoorganización.
b) Las potestades tributaria y financiera.
c) La potestad de programación o planificación.
d) Las potestades expropiatoria y de investigación, deslinde y recuperación de oficio de
sus bienes.
e) La presunción de legitimidad y la ejecutividad de sus actos.
f) Las potestades de ejecución forzosa y sancionadora.
g) La potestad de revisión de oficio de sus actos y acuerdos.
h) La inembargabilidad de sus bienes y derechos en los términos previstos en las leyes,
las prelaciones y preferencias y demás prerrogativas reconocidas a la Hacienda Pública para los créditos de la misma, sin perjuicio de las que correspondan a las Haciendas del Estado y de las Comunidades Autónomas.

2. Las Leyes de las Comunidades Autónomas que instituyan o reconozcan a las entidades territoriales de ámbito inferior al municipal y, asimismo, a las Comarcas, Áreas Metropolitanas y otras Agrupaciones de Municipios distintas de la Provincia, determinarán el ámbito de su autonomía y concretarán las potestades públicas que les sean de aplicación.

En cuanto a la **provincia**, la CE señala:
*Artículo 141.- 1. La **provincia** es una entidad local con **personalidad jurídica propia**, determinada por la agrupación de municipios y <u>división territorial para el cumplimiento de las actividades del Estado</u>.*

Cualquier alteración de los límites provinciales habrá de ser aprobada por las Cortes Generales mediante ley orgánica.

2. El Gobierno y la administración autónoma de las provincias estarán encomendados a Diputaciones u otras Corporaciones de carácter representativo.

3. Se podrán crear agrupaciones de municipios diferentes de la provincia.
4. En los archipiélagos, las islas tendrán además su administración propia en forma de Cabildos o Consejos.

Conceptos clave de las provincias y la CE:
Personalidad jurídica propia
Es una agrupación de municipios
Es división territorial del Estado para el cumplimiento de sus actividades
Gobierno y administración corresponde a las provincias
La alteración territorial de las provincias aprobación por Cortes Generales (ley orgánica)
Sí se pueden crear agrupaciones de municipios de diferentes provincias.

El tercer artículo que la CE dedica a la Administración Local se refiere a contenido económico.

Suficiencia financiera:
*Artículo 142.- La **Haciendas locales** deberán disponer de los **medios suficientes** para el desempeño de las funciones que la ley atribuye a las Corporaciones respectivas y se nutrirán fundamentalmente de **tributos propios** y de **participación en los del Estado y de las Comunidades Autónomas.***

Conceptos clave en relación a la suficiencia financiera de los Entes Locales y la CE:
Deberán disponer de los medios suficientes
Sus funciones, atribuidas por Ley, hace necesaria esa suficiencia para garantizar el desempeño de sus funciones
La Hacienda Local se nutrirá de tributos propios y en la participación en los del Estado y de las Comunidades Autónomas

La regulación jurídica del Régimen Local español se conforma con las siguientes normas:

Disposiciones de carácter general:
- **Ley** 7/1985, de 2 de abril, Reguladora de las **Bases del Régimen Local**
- Real Decreto Legislativo 781/1986, de 18 de abril, por el que se aprueba el **texto refundido** de las disposiciones legales vigentes **en materia de Régimen Local.**
- **Ley** 27/2013, de 27 de diciembre, de **racionalización y sostenibilidad de la Administración Local.**
- Real Decreto Legislativo 2/2004, de 5 de marzo, por el que se aprueba el texto refundido de la **Ley Reguladora de las Haciendas Locales**
- Real Decreto 2568/1986, de 28 de noviembre, por el que se aprueba el **Reglamento de Organización**, Funcionamiento y Régimen jurídico de las Entidades Locales. (ROF)
- Real Decreto 1690/1986, de 11 de julio, por el que se aprueba el **Reglamento de Población** y Demarcación Territorial de las Entidades Locales
- Real Decreto 1372/1986, de 13 de junio, por el que se aprueba el **Reglamento de Bienes** de las Entidades Locales
- Decreto de 17 de junio de 1955 por el que se aprueba el **Reglamento de Servicios** de las Corporaciones locales
- Real Decreto 50071990, de 20 de abril por el que se desarrolla el capítulo sexto de la Ley Reguladora de las Haciendas Locales, en materia de presupuestos

Plena capacidad jurídica de las Entidades Locales.
Así lo estipula el Real Decreto Real Decreto 2568/1986, de 28 de noviembre, por el que se aprueba el Reglamento de Organización, Funcionamiento y Régimen Jurídico de las Entidades Locales (ROF)

Artículo 3.
1. **Para el cumplimiento de sus fines,** los **Ayuntamientos,** en representación de los Municipios, las **Diputaciones** u otras

Corporaciones de carácter representativo, en representación de las Provincias, y los **Cabildos y Consejos**, en representación de las Islas, **tendrán plena capacidad jurídica** para adquirir, poseer, reivindicar, permutar, gravar o enajenar toda clase de bienes y derechos, celebrar contratos, establecer y explotar obras y servicios públicos, obligarse, interponer los recursos establecidos y ejercitar las acciones previstas en las leyes.

2. La misma capacidad jurídica tendrán los órganos correspondientes en representación de las respectivas entidades de ámbito territorial inferior al municipal.

3. Los **Municipios, las Provincias, las Islas y** las otras entidades locales territoriales **estarán exentos de tributos** del Estado y de las Comunidades Autónomas, en los términos de las Leyes.

Servir con objetividad los intereses públicos:
Art. 5 (ROF)
1. Las **entidades locales sirven con objetividad los intereses públicos** que les están encomendados y actúan de acuerdo con los **principios de eficacia, descentralización, desconcentración y coordinación**, con sometimiento pleno a la Ley y al Derecho.
2. Los Tribunales ejercen el control de legalidad de las disposiciones y actos de las entidades locales.

Este concepto se debe encuadrar dentro del ya repetido precepto constitucional del art. 103 de la CE, el cual señala:
Artículo 103
1. **La Administración Pública sirve con objetividad los intereses generales** y actúa de acuerdo con los **principios de eficacia, jerarquía, descentralización, desconcentración y coordinación, con sometimiento pleno a la ley y al Derecho.**

2.- CLASES DE ENTIDADES LOCALES

Una primera clasificación nos la ofrece la CE en su art. 137 en el cual se regula la organización territorial del Estado. Reconocimiento de autonomía para los municipios y provincias con el fin poder gestionar sus propios y respectivos intereses.

Artículo 137.- *El Estado se organiza territorialmente en municipios, en provincias y en las Comunidades Autónomas que se constituyan. Todas estas entidades gozan de autonomía para la gestión de sus respectivos intereses.*

La Ley Reguladora de las Bases del Régimen Local indica en su art. 3 que son **entidades locales territoriales**:

a) El Municipio.
b) La Provincia.
c) La Isla en los archipiélagos balear y canario.

Gozan, asimismo, de la condición de Entidades Locales:

a) Las Comarcas u otras entidades que agrupen varios Municipios, instituidas por las Comunidades Autónomas de conformidad con esta Ley y los correspondientes Estatutos de Autonomía.
b) Las Áreas Metropolitanas.
c) Las Mancomunidades de Municipios.

Definiciones importantes a recordar:

LBRL
Artículo 11.
1. **El Municipio e**s la entidad local básica de la organización territorial del Estado. Tiene
personalidad jurídica y plena capacidad para el cumplimiento de sus fines.
2. Son elementos del Municipio el territorio, la población y la organización.

Artículo 12.
1. **El término municipal es** el territorio en que el ayuntamiento ejerce sus competencias.

2. Cada municipio pertenecerá a una sola provincia.

Artículo 16.
1. **El Padrón municipal es** el registro administrativo donde constan los vecinos de un
municipio. Sus datos constituyen prueba de la residencia en el municipio y del domicilio
habitual en el mismo. Las certificaciones que de dichos datos se expidan tendrán carácter de documento público y fehaciente para todos los efectos administrativos.

Artículo 31.
1. **La Provincia es** una entidad local determinada por la agrupación de Municipios, con personalidad jurídica propia y plena capacidad para el cumplimiento de sus fines.

3.- COMPETENCIAS DE LAS ENTIDADES LOCALES

Son propias o atribuidas por delegación conforme a la LBRL

Artículo 7.
1. Las **competencias de las Entidades Locale**s son **propias o atribuidas por delegación.**

2. Las **competencias propias** de los Municipios, las Provincias, las Islas y demás Entidades Locales territoriales **solo podrán ser determinadas por Ley** y se **ejercen en régimen de autonomía y bajo la propia responsabilidad,** atendiendo siempre a la debida **coordinación en su programación y ejecución con las demás Administraciones Públicas.**

3. El **Estado y las Comunidades Autónomas,** en el ejercicio de sus respectivas competencias, **podrán delegar en las Entidades Locales** el ejercicio de sus competencias.
Las **competencias delegadas se ejercen en los términos** establecidos en la disposición o en el **acuerdo de delegación,** según corresponda, con sujeción a las reglas establecidas en el artículo 27, y **preverán técnicas de dirección y control de oportunidad y eficiencia.**

4. Las Entidades Locales **solo podrán ejercer competencias distintas de las propias** y de las atribuidas por delegación cuando no se ponga en riesgo la sostenibilidad financiera del conjunto de la Hacienda municipal,** de acuerdo con los requerimientos de la legislación de estabilidad presupuestaria y sostenibilidad financiera y no se incurra en un supuesto de ejecución simultánea del mismo servicio público con otra Administración Pública. A estos efectos, serán necesarios y vinculantes los informes previos de la Administración competente por razón de materia, en el que se señale la inexistencia de duplicidades, y de la Administración que tenga atribuida la tutela financiera sobre la sostenibilidad financiera de las nuevas competencias.

En todo caso, el **ejercicio de estas competencias deberá realizarse en los términos previstos en la legislación del Estado y de las Comunidades Autónomas.**

En cuanto a las competencias de las Provincias e Islas señala el art. 8 de la LBRL lo siguiente:

Artículo 8.
Sin perjuicio de lo dispuesto en el artículo anterior, **las Provincias y las islas podrán** realizar la **gestión ordinaria de servicios propios de la Administración autonómica,** de conformidad con los Estatutos de Autonomía y la legislación de las Comunidades Autónomas.

Información y colaboración mutua entre Administraciones. Principio de coordinación. Compatibilidad con la autonomía

Artículo 10.
1. La Administración Local y las demás Administraciones públicas ajustarán sus **relaciones recíprocas** a los deberes de **información mutua**, **colaboración coordinación** y respeto a los **ámbitos competenciales** respectivos.

2. Procederá **la coordinación** de las competencias de las Entidades Locales entre sí y, especialmente, con las de las restantes Administraciones públicas, **cuando las actividades o los servicios locales trasciendan el interés propio de las correspondientes Entidades**, incidan o condicionen relevantemente los de dichas Administraciones o sean concurrentes o complementarios de los de éstas.

3. En especial, la **coordinación** de las Entidades Locales tendrá por **objeto** asegurar el cumplimiento de la legislación de estabilidad presupuestaria y sostenibilidad financiera.

4. Las **funciones de coordinación** serán **compatibles con la autonomí**a de las Entidades Locales.

4.- ORGANIZACIÓN MUNICIPAL

Se entiende por organización municipal el régimen de gobierno y administración de los municipios, que conforme a la LBRL se establece que:

Artículo 19.
*1. El **Gobierno y la administración municipal**, **salvo en** aquellos municipios que legalmente funcionen **en régimen de Concejo Abierto**, corresponde al **ayuntamiento**, integrado por el Alcalde y los Concejales.*
*2. Los **Concejales son elegidos mediante sufragio universal, igual, libre, directo y secreto**, y el **Alcalde es elegido por los Concejales o por los vecino**s; todo ello en los términos que establezca la legislación electoral general.*

Conceptos clave
El **régimen ordinario** de gobierno y administración municipal corresponde al respectivo **ayuntamiento.**
Los ayuntamientos están integrados por el Alcalde, Concejales.
Se reconoce el **régimen de Concejo Abierto**. El gobierno y la administración municipales corresponden a un Alcalde y una asamblea vecinal de la que forman parte todos los electores. Ajustan su funcionamiento a los usos, costumbres y tradiciones locales y, en su defecto, a lo establecido en esta Ley y las leyes de las Comunidades Autónomas sobre régimen local.

Régimen de organización de los municipios de gran población

Este tipo de municipios tienen regulación especifica regulada en la LBRL

Ámbito de aplicación (LBRL)
Artículo 121.- Normas que se aplicarán en los siguientes casos:
*a) A los municipios cuya **población supere los 250.000 habitantes.***

b) A los municipios **capitales de provincia** cuya **población sea superior a los 175.000 habitantes.**

c) A los municipios que sean **capitales de provincia**, **capitales autonómicas** o **sedes de las instituciones autonómicas.**

d) Asimismo, a los **municipios cuya población supere los 75.000 habitantes, que presenten circunstancias económicas, sociales, históricas o culturales especiales.**

En los **supuestos previstos** en los párrafos **c) y d)**, se **exigirá** <u>que así lo decidan las Asambleas Legislativas correspondientes a iniciativa de los respectivos ayuntamientos.</u>

2. <u>Cuando un municipio,</u> de acuerdo con las cifras oficiales de población resultantes de la <u>revisión del padrón municipal aprobadas por el Gobierno con referencia al 1 de enero del año anterior</u> al del inicio de cada mandato de su ayuntamiento, **alcance la población requerida para la aplicación del régimen previsto en este título,** <u>la nueva corporación dispondrá de un plazo máximo de seis meses desde su constitución para adaptar su organización al contenido de las disposiciones de este Título.</u>

A estos efectos, se tendrá en cuenta exclusivamente la población resultante de la indicada revisión del padrón, y no las correspondientes a otros años de cada mandato.

3. Los **municipios** a los que resulte de aplicación el régimen previsto en este título, **continuarán rigiéndose** por el mismo aun **cuando su cifra oficial de población se reduzca posteriormente** por debajo del límite establecido en esta ley.

<u>Son órganos municipales necesarios:</u>
El Pleno
El Alcalde
Los Teniente de Alcalde
Junta de Gobierno Local
Los distritos
La asesoría jurídica

Órganos superiores y directivos municipales
A) Órganos superiores:
a) El Alcalde.
b) Los miembros de la Junta de Gobierno Local.

B) Órganos directivos:
a) Los coordinadores generales de cada área o concejalía.
b) Los directores generales u órganos similares que culminen la organización
administrativa dentro de cada una de las grandes áreas o concejalías.
c) El titular del órgano de apoyo a la Junta de Gobierno Local y al concejal-secretario de la misma.
d) El titular de la asesoría jurídica.
e) El Secretario general del Pleno.
f) El interventor general municipal.
g) En su caso, el titular del órgano de gestión tributaria.

Tendrán también la consideración de órganos directivos, los titulares de los máximos
órganos de dirección de los organismos autónomos y de las entidades públicas empresariales locales. Deberá ser funcionario de carrera o laboral de las Administraciones Públicas o un profesional del sector privado, titulados superiores. Para el caso de profesional del sector privado deberá contar con experiencia superior a cinco años de ejercicio profesional.

3. El nombramiento de los coordinadores generales y de los directores generales, atendiendo a criterios de competencia profesional y experiencia deberá efectuarse entre funcionarios de carrera del Estado, de las Comunidades Autónomas, de las Entidades
Locales o con habilitación de carácter nacional que pertenezcan a cuerpos o escalas clasificados en el subgrupo A1, salvo que el Reglamento Orgánico Municipal permita que, en atención a las características específicas de las funciones de tales órganos directivos, su titular no reúna dicha condición de funcionario.

Organización municipal:

Artículo 20. (LBRL)

1. La organización municipal responde a las siguientes reglas:
a) El **Alcalde**, los **Tenientes de Alcalde** y el **Pleno existen en todos los ayuntamientos.**
b) La Junta de Gobierno Local **existe en todos los municipios con población superior a 5.000 habitantes** y en los de menos, cuando así lo disponga su reglamento orgánico o así lo acuerde el Pleno de su ayuntamiento.
c) **En los municipios de más de 5.000 habitantes, y en los de menos en que así lo disponga su reglamento orgánico o lo acuerde el Pleno,** existirán, si su legislación autonómica no prevé en este ámbito otra forma organizativa, **órganos que tengan por objeto el estudio, informe o consulta de los asuntos que han de ser sometidos a la decisión del Pleno, así como el seguimiento de la gestión del Alcalde, la Junta de Gobierno Local y los concejales que ostenten delegaciones**, sin perjuicio de las competencias de control que corresponden al Pleno. Todos los grupos políticos integrantes de la corporación tendrán derecho a participar en dichos órganos, mediante la presencia de concejales pertenecientes a los mismos en proporción al número de Concejales que tengan en el Pleno.
d) **La Comisión Especial de Sugerencias y Reclamacione**s existe en los **municipios de gran población y en aquellos otros en que el Pleno así lo acuerde**, por el voto favorable de la mayoría absoluta del número legal de sus miembros, o así lo disponga su Reglamento orgánico.
e) **La Comisión Especial de Cuentas existe en todos los municipio**s, de acuerdo con la estructura prevista en el artículo 116. **(constituida por miembros de los distintos grupos políticos integrantes de la Corporación)**

2. Las leyes de las comunidades autónomas sobre el régimen local podrán establecer
una **organización municipal complementaria a la prevista en el número anterior.**

3. Los propios municipios, en los reglamentos orgánicos, podrán establecer y regular **otros órganos complementarios,** de conformidad con lo previsto en este artículo y en las leyes de las comunidades autónomas a las que se refiere el número anterior.

Organización municipal en los municipios de gran población (órganos superiores y directivos)

Establecida en la LBRL

Artículo 130. Órganos superiores y directivos.

1. Son **órganos superiores y directivo**s municipales los siguientes:
A) Órganos superiores:
a) El Alcalde.
b) Los miembros de la Junta de Gobierno Local.
B) Órganos directivos:
a) Los coordinadores generales de cada área o concejalía.
b) Los directores generales u órganos similares que culminen la organización
administrativa dentro de cada una de las grandes áreas o concejalías.
c) El titular del órgano de apoyo a la Junta de Gobierno Local y al concejal-secretario de la misma.
d) El titular de la asesoría jurídica.
e) El Secretario general del Pleno.
f) El interventor general municipal.
g) En su caso, el titular del órgano de gestión tributaria.

2. Tendrán también la **consideración de órganos directivos**, los titulares de los máximos órganos de dirección de los organismos autónomos y de las entidades públicas empresariales locales, de conformidad con lo establecido en el artículo 85 bis, párrafo b).

3. El **nombramiento de los coordinadores generales y de los directores generales,** atendiendo a criterios de competencia profesional y experiencia deberá efectuarse entre funcionarios de carrera del Estado, de las Comunidades Autónomas, de las Entidades Locales o con habilitación de carácter nacional que pertenezcan a cuerpos o escalas clasificados en el subgrupo A1, salvo que el Reglamento Orgánico Municipal permita que, en atención a las características específicas de las funciones de tales órganos directivos, su titular no reúna dicha condición de funcionario.

4. Los <u>**órganos superiores y directivos** quedan **sometidos al régimen de incompatibilidades** establecido en la Ley 53/1984, de 26 de diciembre, de Incompatibilidades del personal al servicio de las Administraciones públicas,</u> y en otras normas estatales o autonómicas que resulten de aplicación.

Otros órganos contemplados en la organización de los municipios de gran población:

- Consejo Social de la Ciudad
- Comisión Especial de Sugerencias y Reclamaciones

Artículo 131. El Consejo Social de la Ciudad.

1. En los municipios señalados en este título, **existirá** un <u>Consejo Social de la Ciudad,</u> **integrado por representantes de las organizaciones económicas, sociales, profesionales y de vecinos más representativas.**

2. Corresponderá a este Consejo, además de las **funciones** <u>que determine el Pleno mediante normas orgánicas,</u> la **emisión de informes, estudios y propuestas en materia de desarrollo económico local, planificación estratégica de la ciudad y grandes proyectos urbanos.**

Artículo 132. Defensa de los derechos de los vecinos.

1. Para la **defensa de los derechos de los vecinos ante la Administración municipal**, el **Pleno creará** una Comisión especial de Sugerencias y Reclamaciones, cuyo funcionamiento se regulará en normas de carácter orgánico.

2. La Comisión especial de Sugerencias y Reclamaciones estará **formada por representantes de todos los grupos que integren el Pleno**, de **forma proporcional** al número de miembros que tengan en el mismo.

3. La citada Comisión <u>**podrá** supervisar la actividad de la Administración municipal, y deberá dar cuenta al Pleno</u>, mediante un **informe anual,** de las **quejas** presentadas y de las **deficiencias observadas en el funcionamiento de los servicios municipales,** con **especificación de las sugerencias** o **recomendaciones no admitidas** por la Administración municipal. No obstante, también **podrá realizar informes extraordinarios cuando la gravedad o la urgencia de los hechos lo aconsejen.**

4. Para el desarrollo de sus funciones, <u>**todos** los órganos de Gobierno y de la Administración municipal **están obligados a colaborar**</u> con la Comisión de Sugerencias y Reclamaciones.

<u>También se pueden establecer órganos en los municipios de gran población en el orden económico y tributario:</u>

Artículo 134. Órgano u órganos de gestión económico-financiera y presupuestaria.

1. Las funciones de **presupuestación, contabilidad, tesorería y recaudación** serán ejercidas por el **órgano u órganos que se determinen en el Reglamento orgánico** municipal.

2. El **titular** o titulares de **dicho órgan**o u órganos **deberá ser un funcionario de Administración local con habilitación de carácter naciona**l, <u>salvo el del órgano que desarrolle las funciones de presupuestación.</u>

Artículo 135. Órgano de Gestión Tributaria.

1. Para la **consecución de una gestión integral del sistema tributario municipal,** regido por los **principios de eficiencia, suficiencia, agilidad y unidad en la gestión,** se habilita al **Pleno de los ayuntamientos de los municipios de gran población** para **crear un órgano de gestión tributaria**, responsable de ejercer como propias las competencias que a la Administración Tributaria local le atribuye la legislación tributaria.

2. Corresponderán a este órgano de gestión tributaria, al menos, las siguientes **competencias:**
a) La **gestión, liquidación, inspección, recaudación y revisión de los actos tributario**s municipales.
b) La **recaudación en período ejecutivo** de los demás ingresos de derecho público del ayuntamiento.
c) La **tramitación y resolución de los expedientes sancionadores tributarios** relativos a los tributos cuya competencia gestora tenga atribuida.
d) El **análisis y diseño de la política global de ingresos públicos** en lo relativo al sistema tributario municipal.
e) La **propuesta, elaboración e interpretación de las normas tributarias propias** del ayuntamiento.
f) El **seguimiento y la ordenación de la ejecución del presupuesto de ingresos** en lo relativo a **ingresos tributarios.**

3. En el caso de que el Pleno haga uso de la habilitación prevista en el apartado 1, la función de recaudación y su titular quedarán adscritos a este órgano, quedando sin efecto lo dispuesto en el artículo 134.1 en lo que respecta a la función de recaudación.

Órgano de control y fiscalización interna:

Artículo 136. Órgano responsable del control y de la fiscalización interna.

1. La función pública de **control y fiscalización interna de la gestión económico-financiera y presupuestaria**, en su triple acepción de función **interventora**, función de **control financiero** y función de **control de eficacia,** corresponderá a un **órgano administrativo, con la denominación de** Intervención general municipal.

2. La Intervención general municipal **ejercerá sus funciones con plena autonomía** respecto de los órganos y entidades **municipales y cargos directivos** cuya gestión fiscalice, teniendo completo acceso a la contabilidad y a cuantos documentos sean necesarios para el ejercicio de sus funciones.

3. Su titular será nombrado entre **funcionarios de Administración local con habilitación de carácter nacional.**

Órgano especializado en la resolución de las reclamaciones económico-administrativas en los municipios de gran población:

Artículo 137. Órgano para la resolución de las reclamaciones económico-administrativas.
1. Existirá un **órgano especializado** en las siguientes funciones:
a) El **conocimiento y resolución** de las reclamaciones sobre actos de gestión, liquidación, recaudación e inspección de tributos e ingresos de derecho público, que sean de competencia municipal.
b) El **dictamen** sobre los proyectos de ordenanzas fiscales.
c) En el caso de ser requerido por los órganos municipales competentes en materia tributaria, la **elaboración de estudios y propuestas en** esta materia.

2. La **resolución que se dicte pone fin a la vía administrativa** y **contra ella sólo** cabrá la interposición del **recurso contencioso-administrativo.**

3. No obstante, los interesados podrán, **con carácter potestativo,** presentar previamente contra los actos previstos en el apartado 1 a) el **recurso de reposición regulado** en el artículo 14 de la Ley 39/1988, de 28 de diciembre, reguladora de las **Haciendas Locales**. Contra la resolución, en su caso, del citado recurso de reposición, podrá interponerse reclamación económico-administrativa ante el órgano previsto en el presente artículo.

4. Estará **constituido por un número impar de miembros, con un mínimo de tres,** designados por el Pleno, con el voto favorable de la mayoría absoluta de los miembros que legalmente lo integren, **de entre personas de reconocida competencia técnica,** y cesarán por alguna de las siguientes causas:
a) A petición propia.
b) Cuando **lo acuerde** el Pleno con **la misma mayoría** que para su nombramiento.
c) Cuando sean condenados mediante **sentencia firme por delito doloso.**
d) Cuando sean sancionados mediante resolución firme por la **comisión de una falta disciplinaria muy grave o grave.**
Solamente el Pleno podrá acordar la incoación y la resolución del correspondiente
expediente disciplinario, que se regirá, en todos sus aspectos, por la normativa aplicable en materia de régimen disciplinario a los funcionarios del ayuntamiento.

5. Su funcionamiento se basará en **criterios de independencia técnica, celeridad y gratuidad.** Su composición, competencias, organización y funcionamiento, así como el procedimiento de las reclamaciones **se regulará por reglamento aprobado por el Pleno, de acuerdo en todo caso con lo establecido en la Ley General Tributaria** y en la normativa estatal reguladora de las reclamaciones económico-administrativas, sin perjuicio de las adaptaciones necesarias en consideración al ámbito de actuación y funcionamiento del órgano.

6. La reclamación regulada en el presente artículo se entiende sin perjuicio de los supuestos en los que la ley prevé la reclamación económico-administrativa ante los Tribunales Económico-Administrativos del Estado.

El Alcalde

Artículo 21. (LBRL)
1. El **Alcalde** es el Presidente de la Corporación y ostenta las siguientes **atribuciones**:

- **Dirigir el gobierno y la administración municipal.**
- **Representar al ayuntamiento.**
- **Convocar y presidir las sesiones del Pleno,** salvo los supuestos previstos en esta ley y en la legislación electoral general, de la Junta de Gobierno Local, y de cualesquiera otros órganos municipales cuando así se establezca en disposición legal o reglamentaria, y decidir los empates con voto de calidad.
- **Dirigir, inspeccionar e impulsar** los servicios y obras municipales.
- **Dictar bandos.**
- **El desarrollo de la gestión económica de acuerdo con el Presupuesto aprobad**o, disponer gastos dentro de los límites de su competencia, concertar operaciones de crédito, con exclusión de las contempladas en el artículo 158.5 de la Ley 39/1988, de 28 de diciembre, Reguladora de las Haciendas Locales, siempre que aquéllas estén previstas en el Presupuesto y su importe acumulado dentro de cada ejercicio económico no supere el 10 por ciento de sus recursos ordinarios, salvo las de tesorería que le corresponderán cuando el importe acumulado de las operaciones vivas en cada momento no supere el 15 por ciento de los ingresos corrientes liquidados en el ejercicio anterior, ordenar pagos y rendir cuentas ; todo ello de conformidad con lo dispuesto en la Ley Reguladora de las Haciendas Locales.
- **Aprobar la oferta de empleo público de acuerdo con el Presupuesto y la plantilla aprobados por el Pleno**, aprobar las bases de las pruebas para la selección del personal y para los concursos de provisión de puestos de trabajo y distribuir las retribuciones complementarias que no sean fijas y periódicas.
- **Desempeñar la jefatura superior de todo el personal,** y acordar su nombramiento y sanciones, incluida la separación del servicio de los funcionarios de la Corporación y el despido del personal laboral, dando

cuenta al Pleno, en estos dos últimos casos, en la primera sesión que celebre.
- **Ejercer la jefatura de la Policía Municipal.**
- **Las aprobaciones de los instrumentos de planeamiento de desarrollo del planeamiento general no expresamente atribuidas al Pleno**, así como la de los instrumentos de gestión urbanística y de los proyectos de urbanización.
- **El ejercicio de las acciones judiciales y administrativas y la defensa del ayuntamiento en las materias de su competencia**, incluso cuando las hubiere delegado en otro órgano, y, en caso de urgencia, en materias de la competencia del Pleno, en este supuesto dando cuenta al mismo en la primera sesión que celebre para su ratificación.
- **La iniciativa para proponer al Pleno la declaración de lesividad** en materias de la competencia de la Alcaldía.
- **Adoptar personalmente, y bajo su responsabilidad, en caso de catástrofe** o de infortunios públicos o grave riesgo de los mismos, las medidas necesarias y adecuadas dando cuenta inmediata al Pleno
- **Sancionar las faltas de desobediencia a su autoridad** o por infracción de las **ordenanzas municipales,** salvo en los casos en que tal facultad esté atribuida a otros órganos.
- **La aprobación de los proyectos de obras y de servicios** <u>cuando sea competente para su contratación o concesión y estén previstos en el presupuesto.</u>
- **El otorgamiento de las licencias,** <u>salvo que las leyes sectoriales lo atribuyan expresamente al Pleno o a la Junta de Gobierno Local.</u>
- **Ordenar la publicación, ejecución y hacer cumplir los acuerdos** del Ayuntamiento.
- Las demás que expresamente le atribuyan las leyes y aquellas que la legislación del Estado o de las comunidades autónomas asignen al municipio y no atribuyan a otros órganos municipales.

2. Corresponde asimismo al Alcalde **el nombramiento de los Tenientes de Alcalde.**

3. **El Alcalde puede delegar el ejercicio de sus atribuciones,** <u>salvo las de convocar y presidir las sesiones del Pleno y de la Junta de Gobierno</u>

Local, decidir los empates con el voto de calidad, la concertación de operaciones de crédito, la jefatura superior de todo el personal, la separación del servicio de los funcionarios y el despido del personal laboral, y las siguientes:
- Dirigir el gobierno y la administración municipal
- Dictar bandos.
- Las aprobaciones de los instrumentos de planeamiento de desarrollo del planeamiento general no expresamente atribuidas al Pleno, así como la de los instrumentos de gestión urbanística y de los proyectos de urbanización
- El ejercicio de las acciones judiciales y administrativas y la defensa del ayuntamiento
en las materias de su competencia, incluso cuando las hubiere delegado en otro órgano, y, en caso de urgencia, en materias de la competencia del Pleno, en este supuesto dando cuenta al mismo en la primera sesión que celebre para su ratificación.
- La **iniciativa para proponer al Pleno la declaración de lesividad** en materias de la competencia de la Alcaldía.
- **Adoptar** personalmente, y bajo su responsabilidad, **en caso de catástrofe o de infortunios públicos o grave riesgo de los mismos,** las medidas necesarias y adecuadas dando cuenta inmediata al Pleno.

Podrá delegar en la Junta de Gobierno Local el ejercicio de las atribuciones contempladas en el párrafo j) → j) Las aprobaciones de los instrumentos de planeamiento de desarrollo del planeamiento general no expresamente atribuidas al Pleno, así como la de los instrumentos de gestión urbanística y de los proyectos de urbanización.

De la enumeración anterior corresponden a la Ley Ley 7/1985, de 2 de abril. Además el Real Decreto Legislativo 781/1986 (**Texto Refundido de las disposiciones legales vigentes en materia de Régimen Local), establece** que corresponden al **Alcalde**, una vez constituido conforme a lo dispuesto en la legislación electoral, las siguientes **atribuciones**:

- Decidir los empates con voto de calidad.

- La organización de los servicios administrativos de la Corporación, en el marco del
Reglamento orgánico.
- Todas las atribuciones en materia de personal que no competan al Pleno.
- La concesión de licencias, salvo que las Ordenanzas o las Leyes sectoriales la atribuyan expresamente al Pleno o a la Comisión de Gobierno.
- El desarrollo de la gestión económica conforme al presupuesto aprobado.
- Publicar, ejecutar y hacer cumplir los acuerdos del Ayuntamiento.
- Presidir las subastas y concursos para ventas, arrendamientos, suministros y toda
clase de adjudicaciones de servicios y obras municipales.

Atribuciones del Alcalde en los municipios de gran población

Reguladas en la LBRL

Artículo 124. El Alcalde.
1. El Alcalde ostenta la máxima representación del municipio.

2. El Alcalde es responsable de su gestión política ante el Pleno.

3. El Alcalde tendrá el tratamiento de Excelencia.

4. En particular, corresponde al Alcalde el ejercicio de las siguientes funciones:

a) **Representar** al ayuntamiento.
b) **Dirigir** la política, el gobierno y la administración municipal, sin perjuicio de la acción colegiada de colaboración en la dirección política que, mediante el ejercicio de las funciones ejecutivas y administrativas que le son atribuidas por esta ley, realice la Junta de Gobierno Local. *(no podrá ser delegada por el Alcalde)*
c) **Establecer directrices generales de la acción de gobierno municipal y asegurar su continuidad**. *(atribución que puede ser delegada sólo en la Junta de Gobierno Local)*

d) **Convocar y presidi**r las sesiones del Pleno y las de la Junta de Gobierno Local y decidir los empates con voto de calidad.
e) **Nombrar y cesar** a los Tenientes de Alcalde y a los Presidentes de los Distritos. *(no podrá ser delegada por el Alcalde)*
f) **Ordenar la publicación, ejecución y cumplimiento de los acuerdo**s de los órganos ejecutivos del ayuntamiento.
g) Dictar bandos, decretos e instrucciones.
h) Adoptar las **medidas necesarias y adecuadas en casos de extraordinaria y urgente necesidad,** dando cuenta inmediata al Pleno. *(no podrá ser delegada por el Alcalde)*
i) Ejercer la **superior dirección del persona**l al servicio de la Administración municipal.
j) La **Jefatura de la Policía Municipal.** *(no podrá ser delegada por el Alcalde)*
k) **Establecer la organización y estructura de la Administración municipal ejecutiva**, sin perjuicio de las competencias atribuidas al Pleno en materia de organización municipal, de acuerdo con lo dispuesto en el párrafo c) del apartado 1 del artículo 123.*(atribución que puede ser delegada sólo en la Junta de Gobierno Local)*
l) El **ejercicio de las acciones judiciales y administrativas en materia de su competencia** y, en caso de urgencia, en materias de la competencia del Pleno, en este supuesto dando cuenta al mismo en la primera sesión que celebre para su ratificación.
m) Las facultades de **revisión de oficio de sus propios actos.**
n) La **autorización y disposición de gasto**s en las materias de su competencia.
ñ) Las demás que le atribuyan expresamente las leyes y aquéllas que la legislación del
Estado o de las comunidades autónomas asignen al municipio y no se atribuyan a otros órganos municipales.

5. **El Alcalde podrá delegar mediante decreto** las competencias anteriores en la **Junta de Gobierno Local**, en sus miembros, en los **demás concejales** y, en su caso, en los **coordinadores generales, directores generales u órganos similares,** con excepción de las señaladas en los párrafos b), e), h) y j), así como la de convocar y presidir

la Junta de Gobierno Local, decidir los empates con voto de calidad y la de dictar bandos. Las atribuciones previstas en los párrafos c) y k) sólo serán delegables en la Junta de Gobierno Local.

Tratamientos de los Alcaldes:
Artículo 33. (ROF)
Los Alcaldes de **Madrid y Barcelona** tendrán tratamiento de **Excelencia;** los de las demás **capitales de provincia**, tratamiento de **Ilustrísima**, y los de los **municipios restantes,** tratamiento de **Señoría**. Se respetan, no obstante, los tratamientos que respondan a tradiciones reconocidas por disposiciones legales.

Los Tenientes de Alcalde en los municipios de gran población

Regulación en la LBRL

Artículo 125. Los Tenientes de Alcalde.
1. El **Alcalde podrá nombrar** entre los **concejales que formen parte de la Junta de Gobierno Local** a los **Tenientes de Alcalde,** que le **sustituirán, por el orden de su nombramiento,** en los casos de vacante, ausencia o enfermedad.
2. Los Tenientes de Alcalde tendrán el **tratamiento de Ilustrísima.**

El Pleno

Artículo 22 (LBRL)
1. **El Pleno**, integrado por **todos los Concejale**s, es presidido por el **Alcalde**.

2. **Corresponden, en todo caso, al Pleno municipal en los Ayuntamientos,** y a la **Asamblea vecinal en el régimen de Concejo Abierto**, las siguientes **atribuciones:**

- **El control y la fiscalización de los órganos de gobierno.**
- **Los acuerdos relativos a la participación en organizaciones supramunicipales**; alteración del término municipal creación o supresión de municipios; creación de órganos desconcentrados; alteración de la capitalidad del municipio y el cambio de nombre de éste o de aquellas entidades y la adopción o modificación de su bandera, enseña o escudo.
- **La aprobación inicial del planeamiento general** y la aprobación que ponga fin a la tramitación municipal de los planes y demás instrumentos de ordenación previstos en la legislación urbanística, así como los convenios que tengan por objeto la alteración de cualesquiera de dichos instrumentos.
- **La aprobación del reglamento orgánico y de las ordenanzas**.
- **La determinación de los recursos propios de carácter tributario**; la aprobación y modificación de los **presupuestos,** y la disposición de gastos en materia de su competencia y la **aprobación de las cuentas**; todo ello de acuerdo con lo dispuesto en la Ley Reguladora de las Haciendas Locales.
- La aprobación de las **formas de gestión de los servicio**s y de los expedientes de municipalización.
- La **aceptación de la delegación de competencias** hecha por otras Administraciones públicas.
- El **planteamiento de conflictos de competencias a otras entidades locales** y demás Administraciones públicas.
- La **aprobación de la plantilla de personal y de la relación de puestos de trabajo,** la fijación de la **cuantía de las retribuciones**

complementarias fijas y periódicas de los funcionarios y el número y régimen del personal eventual.

- El ejercicio de **acciones judiciales y administrativas y la defensa de la corporació**n en materias de competencia plenaria. (*puede ser delegada en el Alcalde o Junta de Gobierno*)
- La **declaración de lesividad de los actos del Ayuntamiento.** (*puede ser delegada en el Alcalde o Junta de Gobierno*)
- La **alteración de la calificación jurídica de los bienes de dominio público**.
- La **concertación de las operaciones de crédito** cuya cuantía acumulada, dentro de cada ejercicio económico, exceda del 10 por ciento de los recursos ordinarios del Presupuesto -salvo las de tesorería, que le corresponderán cuando el importe acumulado de las operaciones vivas en cada momento supere el 15 por ciento de los ingresos corrientes liquidados en el ejercicio anterior- todo ello de conformidad con lo dispuesto en la Ley Reguladora de las Haciendas Locales. (*puede ser delegada en el Alcalde o Junta de Gobierno*)
- **La aprobación de los proyectos de obras y servicios cuando sea competente para su contratación o concesión**, y cuando aún no estén previstos en los presupuestos.
- **Aquellas otras que deban corresponder al Pleno por exigir su aprobación una mayoría especial.**
- Las demás que expresamente le confieran las leyes.

3. Corresponde, igualmente, al Pleno la **votación sobre la moción de censura al Alcalde** y sobre la cuestión de confianza planteada por el mismo, que serán públicas y se realizarán mediante llamamiento nominal en todo caso, y se rigen por lo dispuesto en la legislación electoral general.

De la enumeración anterior corresponden a la Ley Ley 7/1985, de 2 de abril. Además e**l Real Decreto Legislativo 781/1986** (Texto Refundido de las disposiciones legales vigentes en materia de Régimen Local), **establece que corresponden al Pleno,** una vez constituido conforme a lo dispuesto en la legislación electoral, las siguientes **atribucione**s:
- La regulación del **aprovechamiento de los bienes comunales** en los términos previstos en la legislación aplicable.

- La **aprobación de los proyectos de obras cuando la contratación** de su ejecución sea de su competencia.
- El **reconocimiento extrajudicial de créditos**, siempre que no exista dotación presupuestaria, operaciones de crédito o concesión de quita y espera.
- La **defensa en los procedimientos incoados contra el Ayuntamiento**.

Materias que requieren el voto favorable de la mayoría absoluta del número legal de miembros de las corporaciones para la adopción de acuerdos

Artículo 47. (LBRL)

1. **Los acuerdos** de las corporaciones locales se adoptan, **como regla general, por mayoría simple de los miembros presentes.** Existe mayoría simple cuando los votos afirmativos son más que los negativos.

2. **Se requiere el voto favorable de la mayoría absoluta del número legal de miembros** de las corporaciones para la adopción de acuerdos en las siguientes materias:
a) **Creación y supresión de municipios y alteración de términos municipales.**
b) ....
c) Aprobación de la **delimitación del término municipal.**
d) Alteración del **nombre y de la capitalidad** del municipio.
e) Adopción o modificación de su *bandera, enseña o escudo.*
f) Aprobación y modificación del **reglamento orgánico propio** de la corporación.
g) Creación, modificación o disolución de **mancomunidades** u otras organizaciones asociativas, así como la adhesión a las mismas y la aprobación y modificación de sus estatutos.
h) **Transferencia de funciones o actividades a otras Administraciones públicas,** así como la aceptación de las delegaciones o encomiendas de gestión realizadas por otras administraciones, salvo que por ley se impongan obligatoriamente.
i) **Cesión** por cualquier título del aprovechamiento de los **bienes comunales.**
j) **Concesión de bienes o servicios por más de cinco años**, siempre que **su cuantía exceda del 20 por ciento** de los recursos ordinarios del presupuesto.
k) **Municipalización o provincialización de actividades en régimen de monopolio** y aprobación de la forma concreta de gestión del servicio correspondiente.

l) **Aprobaciones de operaciones financieras o de crédito y concesiones de quitas o esperas,** cuando su **importe supere el 10 por ciento de los recursos ordinarios de su presupuesto**,

ll) Los acuerdos que corresponda adoptar a la corporación en la **tramitación de los instrumentos de planeamiento general previstos en la legislación urbanística**.

m) **Enajenación de bienes,** cuando su **cuantía exceda del 20 por ciento de los recursos ordinarios de su presupuesto.**

n) **Alteración** de la calificación jurídica de los **bienes demaniales o comunales.**

ñ) **Cesión gratuita de bienes** a otras Administraciones o instituciones públicas.

o) Las restantes determinadas por la ley.

Las normas relativas a adopción de acuerdos en los municipios de gran población son las contenidas en el apartado 2 del artículo 123 de la LBRL.

Atribuciones del Pleno en los municipios de gran población:

Reguladas en la LBRL

Artículo 123. Atribuciones del Pleno.
1. Corresponden al Pleno las siguientes atribuciones:
a) El control y la fiscalización de los órganos de gobierno.
b) La votación de la moción de censura al Alcalde y de la cuestión de confianza planteada por éste, que será pública y se realizará mediante llamamiento nominal en todo caso y se regirá en todos sus aspectos por lo dispuesto en la legislación electoral general.
c) La aprobación y modificación de los reglamentos de naturaleza orgánica. Tendrán en todo caso naturaleza orgánica: *(requiere mayoría absoluta del número legal de miembros del Pleno)*
La regulación del Pleno.
La regulación del Consejo Social de la ciudad.
La regulación de la Comisión Especial de Sugerencias y Reclamaciones.
La regulación de los órganos complementarios y de los procedimientos de participación ciudadana.
La división del municipio en distritos, y la determinación y regulación de los órganos de los distritos y de las competencias de sus órganos representativos y participativos, sin perjuicio de las atribuciones del Alcalde para determinar la organización y las competencias de su administración ejecutiva.
La determinación de los niveles esenciales de la organización municipal, entendiendo por tales las grandes áreas de gobierno, los coordinadores generales, dependientes directamente de los miembros de la Junta de Gobierno Local, con funciones de coordinación de las distintas Direcciones Generales u órganos similares integradas en la misma área de gobierno, y de la gestión de los servicios comunes de éstas u otras funciones análogas y las Direcciones Generales u órganos similares que culminen la organización administrativa, sin perjuicio de las atribuciones del Alcalde para determinar el número de cada uno de tales órganos y establecer niveles complementarios inferiores.
La regulación del órgano para la resolución de las reclamaciones económico administrativas.

d) La aprobación y modificación de las ordenanzas y reglamentos municipales. *(puede delegarse en las Comisiones)*

e) Los acuerdos relativos a la delimitación y alteración del término municipal; la creación o supresión de las entidades a que se refiere el artículo 45 de esta ley; la alteración de la capitalidad del municipio y el cambio de denominación de éste o de aquellas Entidades, y la adopción o modificación de su bandera, enseña o escudo. *(requiere mayoría absoluta del número legal de miembros del Pleno)*

f) Los acuerdos relativos a la participación en organizaciones supramunicipales. *(requiere mayoría absoluta del número legal de miembros del Pleno)*

g) La determinación de los recursos propios de carácter tributario.

h) La aprobación de los presupuestos, de la plantilla de personal, así como la autorización de gastos en las materias de su competencia. Asimismo, aprobará la cuenta general del ejercicio correspondiente.

i) La aprobación inicial del planeamiento general y la aprobación que ponga fin a la tramitación municipal de los planes y demás instrumentos de ordenación previstos en la legislación urbanística.

j) La transferencia de funciones o actividades a otras Administraciones públicas, así como la aceptación de las delegaciones o encomiendas de gestión realizadas por otras Administraciones, salvo que por ley se impongan obligatoriamente. *(requiere mayoría absoluta del número legal de miembros del Pleno)*

k) La determinación de las formas de gestión de los servicios, así como el acuerdo de creación de organismos autónomos, de entidades públicas empresariales y de sociedades mercantiles para la gestión de los servicios de competencia municipal, y la aprobación de los expedientes de municipalización. *(puede delegarse en las Comisiones)*

l) Las facultades de revisión de oficio de sus propios actos y disposiciones de carácter general.

m) El ejercicio de acciones judiciales y administrativas y la defensa jurídica del Pleno en las materias de su competencia. *(puede delegarse en las Comisiones)*

n) Establecer el régimen retributivo de los miembros del Pleno, de su secretario general, del Alcalde, de los miembros de la Junta de Gobierno Local y de los órganos directivos municipales.

ñ) El planteamiento de conflictos de competencia a otras entidades locales y otras Administraciones públicas. *(puede delegarse en las Comisiones)*
o) Acordar la iniciativa prevista en el último inciso del artículo 121.1, para que el municipio pueda ser incluido en el ámbito de aplicación del título X de esta ley. *(municipios de gran población)* → *(requiere mayoría absoluta del número legal de miembros del Pleno)*
p) Las demás que expresamente le confieran las leyes.

2. Se requerirá el **voto favorable de la mayoría absoluta del número legal de miembros** del Pleno, para la adopción de los acuerdos referidos en los párrafos c), e), f), j) y o) y para los acuerdos que corresponda adoptar al Pleno en la t**ramitación de los instrumentos de planeamiento general previstos en la legislación urbanística.**
Los demás acuerdos se adoptarán por mayoría simple de votos.
3. Únicamente pueden delegarse las competencias del Pleno referidas en los párrafos d), k), m) y ñ) a favor de las comisiones referidas en el apartado 4 del artículo anterior.

Organización del Pleno en los municipios de gran población:

Regulado en la LBRL

Artículo 122. Organización del Pleno.
1. El Pleno, formado por el Alcalde y los Concejales, es el órgano de máxima representación política de los ciudadanos en el gobierno municipal.

2. El Pleno será convocado y presidido por el Alcalde, salvo en los supuestos previstos en esta ley y en la legislación electoral general, al que corresponde decidir los empates con voto de calidad. El Alcalde podrá delegar exclusivamente la convocatoria y la presidencia del Pleno, cuando lo estime oportuno, en uno de los concejales.

3. **El Pleno se dotará de su propio reglamento**, que tendrá la naturaleza de orgánico. No obstante, la regulación de su organización y funcionamiento podrá contenerse también en el reglamento orgánico municipal.

En todo caso, el Pleno contará con un secretario general y dispondrá de Comisiones, que estarán formadas por los miembros que designen los grupos políticos en proporción al número de concejales que tengan en el Pleno.

4. **Corresponderán a las comisiones** las siguientes funciones:

a) El estudio, informe o consulta de los asuntos que hayan de ser sometidos a la

decisión del Pleno.

b) El seguimiento de la gestión del Alcalde y de su equipo de gobierno, sin perjuicio del

superior control y fiscalización que, con carácter general, le corresponde al Pleno.

c) Aquéllas que el Pleno les delegue, de acuerdo con lo dispuesto en esta ley.

En todo caso, serán de aplicación a estas Comisiones las previsiones contenidas para el

Pleno en el artículo 46.2, párrafos b), c) y d).

5. **Corresponderá al secretario general del Pleno**, que **lo será también de las comisiones,** las siguientes funciones:

a) **La redacción y custodia de las actas**, así como la supervisión y autorización de las mismas, con el visto bueno del Presidente del Pleno.

b) **La expedición,** con el visto bueno del Presidente del Pleno, **de las certificaciones de los actos y acuerdos que se adopten.**

c) La **asistencia al Presidente del Pleno** para asegurar la convocatoria de las sesiones, el orden en los debates y la correcta celebración de las votaciones, así como la colaboración en el normal desarrollo de los trabajos del Pleno y de las comisiones.

d) **La comunicación, publicación y ejecución de los acuerdos plenarios.**

e) El **asesoramiento legal al Pleno y a las comisiones,** que será preceptivo en los siguientes supuestos:

1.º **Cuando así lo ordene el Presidente o cuando lo solicite un tercio de sus miembros con antelación suficiente a la celebración de la sesión** en que el asunto hubiere de tratarse.

2.º Siempre que se trate de **asuntos sobre materias para las que se exija una mayoría especial.**

3.º **Cuando una ley** así lo exija en las materias de la competencia plenaria.

4.º Cuando, en el ejercicio de la función de control y fiscalización de los órganos de gobierno, **lo solicite el Presidente o la cuarta parte, al menos, de los Concejales.**

Dichas **funciones** quedan **reservadas a funcionarios de Administración local con habilitación de carácter nacional.** Su **nombramiento corresponderá al Presidente** en los términos previstos en la disposición adicional octava, teniendo la misma equiparación que los órganos directivos previstos en el artículo 130 de esta ley, sin perjuicio de lo que determinen a este respecto las normas orgánicas que regulen el Pleno.

La Junta de Gobierno Local

Artículo 23 (LBRL)

1. La **Junta de Gobierno Local** se integra por el **Alcalde** y un **número de Concejales no superior al tercio** del número legal de los mismos, nombrados y separados libremente por aquél, dando cuenta al Pleno.

2. Corresponde a la Junta de Gobierno Local:
a) La **asistencia al Alcalde** en el ejercicio de sus atribuciones.
b) Las **atribuciones que el Alcalde u otro órgano municipal le delegu**e o le atribuyan las leyes.

3. Los **Tenientes de Alcalde** sustituyen, por el orden de su nombramiento y en los casos de vacante, ausencia o enfermedad, al Alcalde, siendo libremente designados y removidos por éste de entre los miembros de la Junta de Gobierno Local y, donde ésta no exista, de entre los Concejales.

4. El **Alcalde** puede **delegar el ejercicio de determinadas atribuciones** en los miembros de la Junta de Gobierno Local y, donde ésta no exista, en los Tenientes de Alcalde, sin perjuicio de las delegaciones especiales que, para cometidos específicos, pueda realizar en favor de cualesquiera Concejales, aunque no pertenecieran a aquélla.

La Junta de Gobierno Local en los municipios de gran población

Regulación en la LBRL

Artículo 126. Organización de la Junta de Gobierno Local.
1. La Junta de Gobierno Local es el órgano que, bajo la presidencia del Alcalde, **colabora de forma colegiada en la función de dirección política que a éste corresponde y ejerce las funciones ejecutivas y administrativas** que se señalan en el artículo 127 de esta ley. (LBRL)

2. **Corresponde al Alcalde nombrar y separar libremente a los miembros de la Junta de Gobierno Local,** cuyo **número no podrá exceder de un tercio del número legal de miembros del Pleno,** además del Alcalde.

En todo caso, para la **válida constitución de la Junta de Gobierno Local** se requiere que el **número de miembros** de la Junta de Gobierno Local que ostentan la condición de concejales **presentes sea superior al número de aquellos miembros presentes que no ostentan** dicha condición.

Los miembros de la Junta de Gobierno Local **podrán asistir a las sesiones del Pleno** e intervenir en los debates, sin perjuicio de las facultades que corresponden a su Presidente.

3. **La Junta de Gobierno Local responde políticamente ante el Pleno** de su gestión **de forma solidaria**, sin perjuicio de la responsabilidad directa de cada uno de sus miembros por su gestión.

4. **La Secretaría de la Junta de Gobierno Local corresponderá a uno de sus miembros que reúna la condición de concejal,** designado por el Alcalde, quien **redactará las actas de las sesiones y certificará sobre sus acuerdos**. Existirá un **órgano de apoyo a la Junta de Gobierno Local y al concejal-secretario** de la misma, **cuyo titular será nombrado entre funcionarios de Administración local con habilitación de carácter nacional**. Sus funciones serán las siguientes:

a) La asistencia al concejal-secretario de la Junta de Gobierno Local.
b) La remisión de las convocatorias a los miembros de la Junta de Gobierno Local.
c) El archivo y custodia de las convocatorias, órdenes del día y actas de las reuniones.
d) Velar por la correcta y fiel comunicación de sus acuerdos.

5. Las **deliberaciones de la Junta de Gobierno Local son secretas**. A sus sesiones podrán asistir los concejales no pertenecientes a la Junta y

los titulares de los órganos directivos, en ambos supuestos cuando sean convocados expresamente por el Alcalde.

Atribuciones de la Junta de Gobierno Local en los municipios de gran población

Reguladas en la LBRL

Artículo 127. Atribuciones de la Junta de Gobierno Local.

1. Corresponde a la Junta de Gobierno Local:
a) **La aprobación de los proyectos de ordenanzas y de los reglamentos**, incluidos los orgánicos, con excepción de las normas reguladoras del Pleno y sus comisiones.
b) La **aprobación del proyecto de presupuesto**.
c) La **aprobación de los proyectos de instrumentos de ordenación urbanística** cuya aprobación definitiva o provisional corresponda al Pleno.
d) Las **aprobaciones de los instrumentos de planeamiento de desarrollo del planeamiento general no atribuidas expresamente al Pleno**, así como de los instrumentos de gestión urbanística y de los proyectos de urbanización.
e) La **concesión de cualquier tipo de licencia,** salvo que la legislación sectorial la atribuya expresamente a otro órgano.
....
g) El **desarrollo de la gestión económica, autorizar y disponer gastos en materia de su competencia,** disponer gastos previamente autorizados por el Pleno, y la gestión del personal.
h) **Aprobar la relación de puestos de trabajo, las retribuciones del personal de acuerdo con el presupuesto aprobado por el Pleno, la oferta de empleo público, las bases de las convocatorias de selección y provisión de puestos de trabajo, el número y régimen del personal eventual, la separación del servicio de los funcionarios del Ayuntamiento,** sin perjuicio de lo dispuesto en el artículo 99 de esta ley, el despido del personal laboral, el

régimen disciplinario y las demás decisiones en materia de personal que no estén expresamente atribuidas a otro órgano.

La **composición de los tribunales de oposiciones** será predominantemente técnica, debiendo poseer todos sus miembros un nivel de titulación igual o superior al exigido para el ingreso en las plazas convocadas. Su presidente podrá ser nombrado entre los miembros de la Corporación o entre el personal al servicio de las Administraciones públicas.

i) El **nombramiento y el cese de los titulares de los órganos directivo**s de la Administración municipal, sin perjuicio de lo dispuesto en la disposición adicional octava para los funcionarios de Administración local con habilitación de carácter nacional.

j) El **ejercicio de las acciones judiciales y administrativas en materia de su competencia.**

k) Las **facultades de revisión de oficio de sus propios actos.**

l) **Ejercer la potestad sancionadora** salvo que por ley esté atribuida a otro órgano.

m) Designar a los representantes municipales en los órganos colegiados de gobierno o administración de los entes, fundaciones o sociedades, sea cual sea su naturaleza, en los que el Ayuntamiento sea partícipe.

n) Las demás que le correspondan, de acuerdo con las disposiciones legales vigentes.

2. La Junta de Gobierno Local **podrá delegar en los Tenientes de Alcalde, en los demás miembros de la Junta de Gobierno Local,** en su caso, **en los demás concejales, en los coordinadores generales, directores generales u órganos similares**, las funciones enumeradas en los párrafos e), f), g), h) con excepción de la aprobación de la relación de puestos de trabajo, de las retribuciones del personal, de la oferta de empleo público, de la determinación del número y del régimen del personal eventual y de la separación del servicio de los funcionarios, y l) del apartado anterior.

Órganos territoriales de gestión desconcentrada

Artículo 24.

1. Para facilitar la **participación ciudadana en la gestión de los asuntos locales** y mejorar ésta, los municipios podrán establecer órganos territoriales de gestión desconcentrada, con la organización, funciones y competencias que cada ayuntamiento les confiera, atendiendo a las características del asentamiento de la población en el término municipal, sin perjuicio de la unidad de gobierno y gestión del municipio.

En los municipios de gran población les será de aplicación el régimen de gestión desconcentrada señalada en el art. 128 (los ayuntamientos deberán crear distritos, como divisiones territoriales propias, dotadas de órganos de gestión desconcentrada, para impulsar y desarrollar la participación ciudadana en la gestión de los asuntos municipales y su mejora, sin perjuicio de la unidad de gobierno y gestión del municipio.
Corresponde al Pleno la creación de los distritos y su regulación.

Establece la LBRL sobre los distritos lo siguiente:
Artículo 128. Los distritos. (en los municipios de gran población)
1. Los **ayuntamientos deberán crear distritos**, como **divisiones territoriales propias,** d**otadas de órganos de gestión desconcentrada**, para impulsar y desarrollar la participación ciudadana en la gestión de los asuntos municipales y su mejora, sin perjuicio de la unidad de gobierno y gestión del municipio.

2. **Corresponde al Pleno de la Corporación la creación de los distritos y su regulación,** en los términos y con el alcance previsto en el artículo 123, así como determinar, en una norma de carácter orgánico, el porcentaje mínimo de los recursos presupuestarios de la corporación que deberán gestionarse por los distritos, en su conjunto.

3. La **presidencia del distrito** corresponderá en todo caso a un **concejal**

Órgano administrativo responsable de la asistencia jurídica al Alcalde, a la Junta de Gobierno Local y a los órganos directivos:

Regulado en la LBRL

Artículo 129. La asesoría jurídica.
1. Sin perjuicio de las funciones reservadas al secretario del Pleno por el párrafo e) del apartado 5 del artículo 122 de esta ley, **existirá un órgano administrativo responsable de la asistencia jurídica al Alcalde, a la Junta de Gobierno Local y a los órganos directivos**, comprensiva del asesoramiento jurídico y de la representación y defensa en juicio del ayuntamiento, sin perjuicio de lo dispuesto en el apartado segundo del artículo 447 de la Ley 6/1985, de 1 de julio, del Poder Judicial.

2. Su titular será **nombrado y separado por la Junta de Gobierno Local**, entre personas que reúnan los siguientes **requisitos:**
a) Estar en posesión del título de **licenciado en derecho.**
b) Ostentar la condición de **funcionario de administración local con habilitación de carácter nacional**, o bien **funcionario de carrera del Estado, de las comunidades autónomas o de las entidades locales,** a los que se **exija para su ingreso el título de doctor, licenciado, ingeniero, arquitecto o equivalente**.

Regulación por las Comunidades Autónomas de los entes de ámbito territorial inferior al Municipio.

Artículo 24 bis.
1. **Las leyes de las Comunidades Autónomas sobre régimen local** regularán los **entes de ámbito territorial inferior al Municipio**, que carecerán de personalidad jurídica, como forma de organización desconcentrada del mismo para la administración de núcleos de población separados, bajo su denominación tradicional de caseríos, parroquias, aldeas, barrios, anteiglesias, concejos, pedanías, lugares anejos y otros análogos, o aquella que establezcan las leyes.

2. La **iniciativa** corresponderá indistintamente a la población interesada o al Ayuntamiento correspondiente. Este último debe ser oído en todo caso.

3. **Solo podrán crearse este tipo de entes** si resulta una **opción más eficiente** para la administración desconcentrada de núcleos de población separados de acuerdo con los principios previstos en la **Ley** Orgánica 2/2012, de 27 de abril, de **Estabilidad Presupuestaria y Sostenibilidad Financiera**.

5.- COMPETENCIAS MUNICIPALES.

Artículo 25 (LBRL)
1. **El Municipio,** para la gestión de sus intereses y en el ámbito de sus competencias, **puede promover actividades y prestar los servicios públicos que contribuyan a satisfacer las necesidades y aspiraciones de la comunidad vecinal.**

2. **El Municipio ejercerá en todo caso como competencias propias**, en los términos de la legislación del Estado y de las Comunidades Autónomas, en las siguientes materias:
a) Urbanismo: planeamiento, gestión, ejecución y disciplina urbanística. Protección y gestión del Patrimonio histórico. Promoción y gestión de la vivienda de protección pública con criterios de sostenibilidad financiera. Conservación y rehabilitación de la edificación.
b) Medio ambiente urbano: en particular, parques y jardines públicos, gestión de los residuos sólidos urbanos y protección contra la contaminación acústica, lumínica y atmosférica en las zonas urbanas.
c) Abastecimiento de agua potable a domicilio y evacuación y tratamiento de aguas residuales.
d) Infraestructura viaria y otros equipamientos de su titularidad.
e) Evaluación e información de situaciones de necesidad social y la atención inmediata a personas en situación o riesgo de exclusión social.
f) Policía local, protección civil, prevención y extinción de incendios.
g) Tráfico, estacionamiento de vehículos y movilidad. Transporte colectivo urbano.
h) Información y promoción de la actividad turística de interés y ámbito local.
i) Ferias, abastos, mercados, lonjas y comercio ambulante.
j) Protección de la salubridad pública.
k) Cementerios y actividades funerarias.
l) Promoción del deporte e instalaciones deportivas y de ocupación del tiempo libre.
m) Promoción de la cultura y equipamientos culturales.

n) Participar en la vigilancia del cumplimiento de la escolaridad obligatoria y cooperar con las Administraciones educativas correspondientes en la obtención de los solares necesarios para la construcción de nuevos centros docentes. La conservación, mantenimiento y vigilancia de los edificios de titularidad local destinados a centros públicos de educación infantil, de educación primaria o de educación especial.

ñ) Promoción en su término municipal de la participación de los ciudadanos en el uso eficiente y sostenible de las tecnologías de la información y las comunicaciones.

o) Actuaciones en la promoción de la igualdad entre hombres y mujeres así como contra la violencia de género.

3. Las **competencias municipales** en las materias enunciadas en este artículo **se determinarán por Ley** debiendo evaluar la conveniencia de la implantación de servicios locales conforme a los principios de descentralización, eficiencia, estabilidad y sostenibilidad financiera.

4. La Ley a que se refiere el apartado anterior deberá ir acompañada de una memoria económica que refleje el impacto sobre los recursos financieros de las Administraciones Públicas afectadas y el cumplimiento de los principios de estabilidad, sostenibilidad financiera y eficiencia del servicio o la actividad. La Ley debe prever la dotación de los recursos necesarios para asegurar la suficiencia financiera de las Entidades Locales sin que ello pueda conllevar, en ningún caso, un mayor gasto de las Administraciones Públicas.

Los proyectos de leyes estatales se acompañarán de un informe del Ministerio de Hacienda y Administraciones Públicas en el que se acrediten los criterios antes señalados.

5. **La Ley determinará la competencia municipal propia de que se trate**, garantizando que **no se produce una atribución simultánea de la misma competencia a otra Administración Pública**

Artículo 26.

1. Los **Municipios deberán prestar**, <u>en todo caso</u>, los servicios siguientes:

a) En todos los Municipios: alumbrado público, cementerio, recogida de residuos, limpieza viaria, abastecimiento domiciliario de agua potable, alcantarillado, acceso a los núcleos de población y pavimentación de las vías públicas.

b) En los **Municipios con población superior a 5.000 habitantes**, **además**: parque público, biblioteca pública y tratamiento de residuos.

c) En los **Municipios con población superior a 20.000 habitantes, además**: protección civil, evaluación e información de situaciones de necesidad social y la atención inmediata a personas en situación o riesgo de exclusión social, prevención y extinción de incendios e instalaciones deportivas de uso público.

d) En los **Municipios con población superior a 50.000 habitantes, además:** transporte colectivo urbano de viajeros y medio ambiente urbano.

2. En los **municipios con población inferior a 20.000 habitantes será la Diputación provincia**l o entidad equivalente **la que coordinará la prestación de los siguientes servicios:**
a) Recogida y tratamiento de residuos.
b) Abastecimiento de agua potable a domicilio y evacuación y tratamiento de aguas
residuales.
c) Limpieza viaria.
d) Acceso a los núcleos de población.
e) Pavimentación de vías urbanas.
f) Alumbrado público.

Para **coordinar la citada prestación de servicios la Diputación propondrá, con la conformidad de los municipios afectados,** al Ministerio de Hacienda y Administraciones Públicas **la forma de prestación**, consistente en la prestación directa por la Diputación o la implantación de fórmulas de gestión compartida a través de consorcios, mancomunidades u otras fórmulas. Para **reducir los costes efectivos de los servicios** el mencionado **Ministerio decidirá sobre la propuesta formulada** que deberá contar con el **informe preceptivo de la Comunidad Autónoma si es la Administración que ejerce la tutela financiera.**

Cuando el municipio justifique ante la Diputación que puede prestar estos servicios con un coste efectivo menor que el derivado de la forma de gestión propuesta por la Diputación provincial o entidad equivalente, el municipio podrá asumir la prestación y coordinación de estos servicios si la Diputación lo considera acreditado.

Cuando la Diputación o entidad equivalente asuma la prestación de estos servicios repercutirá a los municipios el coste efectivo del servicio en función de su uso. Si estos servicios estuvieran financiados por tasas y asume su prestación la Diputación o entidad equivalente, será a ésta a quien vaya destinada la tasa para la financiación de los servicios.

3. La **asistencia de las Diputaciones** o entidades equivalentes a los Municipios, se dirigirá preferentemente al establecimiento y adecuada prestación de los servicios mínimos.

Delegación de competencias en los Municipios por parte del Estado y las Comunidades Autónomas

Artículo 27

1. El **Estado y las Comunidades Autónomas**, en el ejercicio de sus respectivas competencias, **podrán delegar en los Municipios** el ejercicio de sus competencias.
La delegación habrá de mejorar la eficiencia de la gestión pública, contribuir a eliminar duplicidades administrativas y ser acorde con la legislación de estabilidad presupuestaria y sostenibilidad financiera.

La **delegación deberá determinar el alcance, contenido, condiciones y duración de ésta**, que **no podrá ser inferior a cinco años**, así como el control de eficiencia que se reserve la Administración delegante y los medios personales, materiales y económicos, que ésta asigne sin que pueda suponer un mayor gasto de las Administraciones Públicas.

La **delegación deberá acompañarse** de una **memoria económica** donde se justifiquen los principios y se valore el impacto en el gasto de las Administraciones Públicas afectadas sin que, en ningún caso, pueda conllevar un mayor gasto de las mismas.

2. Cuando **el Estado o las Comunidades Autónomas deleguen en dos o más municipios de la misma provincia una o varias competencias comunes**, dicha delegación deberá realizarse siguiendo criterios homogéneos.

La **Administración delegante podrá solicitar la asistencia de las Diputaciones provinciales** o entidades equivalentes para la coordinación y seguimiento de las delegaciones previstas en este apartado.

3. Con el objeto de **evitar duplicidades administrativas**, mejorar la transparencia de los servicios públicos y el servicio a la ciudadanía y, en general, contribuir a los procesos de racionalización administrativa, generando un ahorro neto de recursos, la Administración del Estado y las de las Comunidades Autónomas podrán delegar, siguiendo criterios homogéneos, entre otras, las siguientes competencias:

a) Vigilancia y control de la contaminación ambiental.
b) Protección del medio natural.
c) Prestación de los servicios sociales, promoción de la igualdad de oportunidades y la
prevención de la violencia contra la mujer.
d) Conservación o mantenimiento de centros sanitarios asistenciales de titularidad de la Comunidad Autónoma.
e) Creación, mantenimiento y gestión de las escuelas infantiles de educación de
titularidad pública de primer ciclo de educación infantil.

f) Realización de actividades complementarias en los centros docentes.

g) Gestión de instalaciones culturales de titularidad de la Comunidad Autónoma o del Estado, con estricta sujeción al alcance y condiciones que derivan del artículo 149.1.28.ª de la Constitución Española.

h) Gestión de las instalaciones deportivas de titularidad de la Comunidad Autónoma o del Estado, incluyendo las situadas en los centros docentes cuando se usen fuera del horario lectivo.

i) Inspección y sanción de establecimientos y actividades comerciales.

j) Promoción y gestión turística.

k) Comunicación, autorización, inspección y sanción de los espectáculos públicos.

l) Liquidación y recaudación de tributos propios de la Comunidad Autónoma o del Estado.

m) Inscripción de asociaciones, empresas o entidades en los registros administrativos de la Comunidad Autónoma o de la Administración del Estado.

n) Gestión de oficinas unificadas de información y tramitación administrativa.

o) Cooperación con la Administración educativa a través de los centros asociados de la Universidad Nacional de Educación a Distancia.

4. La **Administración delegante podrá**, para dirigir y controlar el ejercicio de los servicios delegados, **dictar instrucciones técnicas de carácter general y recabar, en cualquier momento, información sobre la gestión municipal,** así como enviar comisionados y formular los requerimientos pertinentes para la subsanación de las deficiencias observadas. **En caso de incumplimiento de las directrices**, denegación de las informaciones solicitadas, o inobservancia de los requerimientos formulados, **la Administración delegante podrá revocar la delegación o ejecutar por sí misma la competencia delegada en sustitución del Municipio.**

Los actos del Municipio podrán ser recurridos ante los órganos competentes de la Administración delegante.

5. La **efectividad de la delegación** requerirá su **aceptación** por el Municipio interesado.

6. La **delegación habrá de ir acompañada en todo caso de la correspondiente financiación,** para lo cual será necesaria la existencia de dotación presupuestaria adecuada y suficiente en los presupuestos de la Administración delegante para cada ejercicio económico, siendo nula sin dicha dotación. El incumplimiento de las obligaciones financieras por parte de la Administración autonómica delegante facultará a la Entidad Local delegada para compensarlas automáticamente con otras obligaciones financieras que ésta tenga con aquélla.

7. La **disposición o acuerdo de delegación establecerá las causas de revocación o renuncia de la delegación**. Entre las causas de renuncia estará el incumplimiento de las
obligaciones financieras por parte de la Administración delegante o cuando, por circunstancias sobrevenidas, se justifique suficientemente la imposibilidad de su desempeño por la Administración en la que han sido delegadas sin menoscabo del ejercicio de sus competencias propias. El acuerdo de renuncia se adoptará por el Pleno de la respectiva Entidad Local.

8. **Las competencias delegadas se ejercen** con arreglo a la **legislación del Estado o de las Comunidades Autónomas.**

6.- ORGANIZACIÓN PROVINCIAL

Artículo 31. (LBRL)

1. La **Provincia es una entidad local** determinada por la agrupación de Municipios, con **personalidad jurídica propia** y plena capacidad para el cumplimiento de sus fines.

2. Son **fines propios y específicos** de la Provincia garantizar los principios de solidaridad y equilibrio intermunicipales, en el marco de la política económica y social, y, en particular:

a) Asegurar la **prestación integral y adecuada en la totalidad del territorio provincial de los** servicios de competencia municipal.
b) **Participar en la coordinación de la Administración local** con la de la Comunidad Autónoma y la del Estado.

3. El **gobierno y la administración autónoma de la Provincia** corresponden a la **Diputación** u otras Corporaciones de carácter representativo.

Se entiende por **organización provincial** el régimen de gobierno y administración de las provincias.

Artículo 32 (LBRL)
La organización provincial responde a las siguientes reglas:

1. El **Presidente, los Vicepresidentes, la Junta de Gobierno y el Pleno** existen **en todas las Diputaciones.**

2. Asimismo, **existirán en todas las Diputaciones** órganos que tengan por objeto el estudio, informe o consulta de los asuntos que han de ser sometidos a la decisión del Pleno, así como el seguimiento de la gestión del Presidente, la Junta de Gobierno y los Diputados que ostenten delegaciones, siempre que la respectiva legislación autonómica no prevea

una forma organizativa distinta en este ámbito y sin perjuicio de las competencias de control que corresponden al Pleno.

Todos los grupos políticos integrantes de la corporación tendrán derecho a participar en dichos órganos, mediante la presencia de Diputados pertenecientes a los mismos, en proporción al número de Diputados que tengan en el Pleno.

3. El **resto de los órganos complementarios de los anteriores se establece y regula por las propias Diputaciones.** No obstante las leyes de las comunidades autónomas sobre régimen local podrán establecer una organización provincial complementaria de la prevista en este texto legal.

RDL 781/1986 Art. 25.2. **Sólo mediante Ley** aprobada por las Cortes Generales **puede modificarse la denominación y capitalidad** de las provincias. Cualquier **alteración de sus límites requerirá Ley Orgánica**.

El Pleno

Artículo 33 (LBRL)

1. El **Pleno de la Diputación** está constituido por el **Presidente y los Diputados.**

2. **Corresponde en todo caso al Pleno**:
- La **organización de la Diputación**. (*indelegable*)
- La a**probación de las ordenanzas.** (*indelegable*)
- La **aprobación y modificación de los Presupuestos,** la disposición de gastos dentro de los límites de su competencia y la aprobación provisional de las cuentas; todo ello de acuerdo con lo dispuesto en la Ley Reguladora de las Haciendas Locales. (*atribución indelegable*)
- La **aprobación de los planes de carácter provincial**. (*indelegable*)
- **El control y la fiscalización de los órganos de gobierno**. (*indelegable*)

64

- **La aprobación de la plantilla de personal, la relación de puestos de trabajo,** la fijación de la cuantía de las retribuciones complementarias fijas y periódicas de los funcionarios, y el número y régimen del personal eventual. (*indelegable*)
- **La alteración de la calificación jurídica de los bienes de dominio público.**
- **El planteamiento de conflictos de competencias a otras Entidades locales** y demás Administraciones públicas. (*indelegable*)
- **El ejercicio de acciones judiciales y administrativas y la defensa de la Corporación** en materias de competencia plenaria.
- **La declaración de lesividad** de los actos de la Diputación.
- **La concertación de las operaciones de crédito cuya cuantía acumulada en el ejercicio económico exceda del 10 por 100 de los recursos ordinarios**, salvo las de tesorería, que le corresponderán cuando el importe acumulado de las operaciones vivas en cada momento supere el 15 por 100 de los ingresos corrientes liquidados en el ejercicio anterior, todo ello de conformidad con lo dispuesto en la Ley Reguladora de las Haciendas Locales.
- **La aprobación de los proyectos de obra y de servicios** cuando sea competente para su contratación o concesión y cuando aún no estén previstos en los Presupuestos.
- Aquellas atribuciones que deban corresponder al Pleno por **exigir su aprobación una mayoría especial**. (*indelegable*)
- Las demás que expresamente la atribuyan las leyes.

3. **Corresponde**, igualmente, **al Pleno la votación sobre la moción de censura al Presidente y sobre la cuestión de confianza** planteada por el mismo, que serán públicas y se realizarán mediante llamamiento nominal en todo caso, y se rigen por lo dispuesto en la legislación electoral general. (*indelegable*)

El **RDL 781/1985** en su art. 28 señala que, además de las funciones señaladas por la Ley 7/1985, de 2 de abril, **corresponden al Pleno de la Diputación, una vez constituido** conforme a lo dispuesto en la legislación electoral, las siguientes **funciones:**

a) La creación, modificación y disolución de organismos y establecimientos provinciales. (*indelegable*)

b) Informar en los expedientes de fusión, agregación o segregación de Municipios de su territorio. (*indelegable*)

e) La provincialización de servicios. (*indelegable*)

f) La aprobación de planes generales de carreteras y el establecimiento de servicios de
comunicaciones provinciales y de suministro de energía eléctrica. (*indelegable*)

El Presidente

Art. 34 (LBRL)

1. **Corresponde en todo caso al Presidente** de la Diputación:
- Dirigir el gobierno y la administración de la provincia. (*indelegable*)
- Representar a la Diputación.
- **Convocar y presidir las sesiones del Plen**o, salvo los supuestos previstos en la presente Ley y en la legislación electoral general, de la Junta de Gobierno y cualquier otro órgano de la Diputación, y decidir los empates con voto de calidad.
- **Dirigir, inspeccionar e impulsar** los servicios y obras cuya titularidad o ejercicio corresponde a la Diputación Provincial.
- **Asegurar la gestión de los servicios propios** de la Comunidad Autónoma cuya gestión ordinaria esté encomendada a la Diputación.
- **El desarrollo de la gestión económica de acuerdo con el Presupuesto aprobado**, **disponer gastos dentro de los límites de su competencia, concertar operaciones de crédito**, con exclusión de las contempladas en el artículo 158.5 de la Ley 39/1988, de 28 de diciembre, Reguladora de las Haciendas Locales, siempre que aquéllas estén previstas en el Presupuesto y su importe acumulado dentro de cada ejercicio económico no supere el 10 por 100 de sus recursos ordinarios, salvo las de tesorería que le corresponderán cuando el importe acumulado de las operaciones vivas en cada momento no supere el 15 por 100 de los ingresos corrientes liquidados en el ejercicio anterior, ordenar pagos y

rendir cuentas ; todo ello de conformidad con lo dispuesto en la Ley Reguladora de las Haciendas Locales.

- **Aprobar la oferta de empleo público de acuerdo con el Presupuesto y la plantilla aprobados por el Pleno, aprobar las bases de las pruebas para la selección del personal y para los concursos de provisión de puestos de trabajo y distribuir las retribuciones**
complementarias que no sean fijas y periódicas.

- **Desempeñar la jefatura superior de todo el personal**, y acordar su nombramiento y sanciones, incluida la separación del servicio de los funcionarios de la Corporación y el despido del personal laboral, dando cuenta al Pleno en la primera sesión que celebre.

- **El ejercicio de las acciones judiciales y administrativas y la defensa de la Diputación en las materias de su competencia**, incluso cuando las hubiere delegado en otro órgano, y, en caso de urgencia, en materias de la competencia del Pleno, en este último supuesto dando cuenta al mismo en la primera sesión que celebre para su ratificación. *(indelegable)*

- **La iniciativa para proponer al Pleno la declaración de lesividad en materia de la competencia del Presidente.** *(indelegable)*

- **La aprobación de los proyectos de obras y de servicios cuando sea competente para su contratación** o concesión y estén previstos en el Presupuesto.

- **Ordenar la publicación y ejecución y hacer cumplir los acuerdos** de la Diputación.

- Las demás que expresamente les atribuyan las leyes.

- El ejercicio de aquellas otras atribuciones que la legislación del Estado o de las Comunidades Autónomas asigne a la Diputación y no estén expresamente atribuidas a otros órganos.

2. **El Presidente puede delegar** el ejercicio de sus atribuciones, **salvo la de** convocar y presidir las sesiones del Pleno y de la Junta de Gobierno, decidir los empates con el voto de calidad, concertar operaciones de crédito, la jefatura superior de todo el personal, la separación del servicio de funcionarios y el despido del personal laboral.

3. **Corresponde**, asimismo, **al Presidente** el **nombramiento de los Vicepresidentes.**

Tratamientos de los Presidentes de la Diputación (establecidos en el ROF)

Artículo 34.
1. El **Presidente de la Diputación Provincial de Barcelona** tendrá el tratamiento de **Excelencia** y los de las **demás Diputaciones Provinciales** el de **Ilustrísima.**

2. Los **Presidentes de los Cabildos y Consejos Insulares** ostentarán el **mismo tratamiento,** deberes y derechos reconocidos a los **Presidentes de Diputación.**

3. En todo caso serán respetados los tratamientos que respondan a tradiciones reconocidas por las disposiciones legales.

La Junta de Gobierno

Artículo 35. (LBRL)

1. La Junta de Gobierno se integra por el **Presidente y un número de Diputados no superior al tercio del número legal de los mismos**, nombrados y separados libremente por aquél, dando cuenta al Pleno.

2. **Corresponde a la Junta de Gobierno:**
a) La asistencia al Presidente en el ejercicio de sus atribuciones.
b) Las atribuciones que el Presidente le delegue o le atribuyan las leyes.

3. **El Presidente puede delegar** el ejercicio de determinadas atribuciones en los miembros de la Junta de Gobierno, sin perjuicio de las delegaciones especiales que para cometidos específicos pueda realizar a favor de cualesquiera Diputados, aunque no perteneciera a la Junta de Gobierno.

4. Los **Vicepresidentes sustituyen**, por el orden de su nombramiento y en los casos de vacante, ausencia o enfermedad, al Presidente, siendo libremente designados por éste entre los miembros de la Junta de Gobierno.

7.- COMPETENCIAS PROVINCIALES

Artículo 31. (LBRL)

Art. 2. Son **fines propios y específicos** de la Provincia garantizar los principios de solidaridad y equilibrio intermunicipales, en el marco de la política económica y social, y, en particular:

a) Asegurar la prestación integral y adecuada en la totalidad del territorio provincial de los servicios de competencia municipal.
b) Participar en la coordinación de la Administración local con la de la Comunidad Autónoma y la del Estado.

Competencias propias de la Diputación

Artículo 36. (LBRL)

1. Son **competencias propias de la Diputación** o entidad equivalente **las que le atribuyan en este concepto las leyes del Estado y de las Comunidades Autónomas** en los diferentes sectores de la acción pública y, en todo caso, las siguientes:
a) La **coordinación de los servicios municipales entre sí** para la garantía de la prestación integral en la totalidad del territorio provincial de los servicios de competencias municipal.

b) **La asistencia y cooperación jurídica, económica y técnica a los Municipios,** especialmente los de menor capacidad económica y de gestión. **En todo caso garantizará en los municipios de menos de 1.000 habitantes la prestación de los servicios de secretaría e intervención.**

c) **La prestación de servicios públicos de carácter supramunicipal y, en su caso, supracomarca**l y el fomento o, en su caso, coordinación de la prestación unificada de servicios de los municipios de su respectivo ámbito territorial. En particular, asumirá la prestación de los servicios de tratamiento de residuos en los municipios de menos de 5.000 habitantes, y de prevención y extinción de incendios en los de menos de 20.000 habitantes, cuando éstos no procedan a su prestación.

d) **La cooperación en el fomento del desarrollo económico y social y en la planificación en el territorio provincial,** de acuerdo con las competencias de las demás Administraciones Públicas en este ámbito.

e) El **ejercicio de funciones de coordinación** en los casos previstos en el artículo 116 bis. → (En relación a la tutela financiera; contenido y seguimiento del plan económico financiero impulsado por la Ley Orgánica 2/2012, de 27 de abril, de Estabilidad Presupuestaria y Sostenibilidad Financiera → *La Diputación provincial o entidad equivalente asistirá al resto de corporaciones locales y colaborará con la Administración que ejerza la tutela financiera*, *según corresponda, en la elaboración y el seguimiento de la aplicación de las medidas contenidas en los planes económicos-financiero*

f) **Asistencia en la prestación de los servicios de gestión de la recaudación tributaria,** en periodo voluntario y ejecutivo, y de servicios de apoyo a la gestión financiera de los **municipios con población inferior a 20.000 habitantes.**

g) **La prestación de los servicios de administración electrónica y la contratación** centralizada en los **municipios con población inferior a 20.000 habitantes.**

h) **El seguimiento de los costes efectivos de los servicios prestados por los municipios de su provincia.** Cuando la Diputación detecte que estos costes son superiores a los de los servicios coordinados o prestados por ella, ofrecerá a los municipios su colaboración para una gestión coordinada más eficiente de los servicios que permita reducir estos costes.

i) **La coordinación mediante convenio, con la Comunidad Autónoma** respectiva, de la **prestación del servicio de**

71

mantenimiento y limpieza de los consultorios médicos en los municipios con población inferior a 5000 habitantes.

2. A **los efectos de lo dispuesto en las letras a), b) y c) del apartado anterior,** la Diputación o entidad equivalente:

a) **Aprueba anualmente un plan provincial de cooperación a las obras y servicios de competencia municipal**, en cuya elaboración deben participar los Municipios de la Provincia.

El plan, que deberá contener **una memoria justificativa de sus objetivos y de los criterios de distribución de los fondo**s, criterios que en todo caso han de ser objetivos y equitativos y entre los que estará el análisis de los costes efectivos de los servicios de los municipios, podrá financiarse con medios propios de la Diputación o entidad equivalente, las aportaciones municipales y las subvenciones que acuerden la Comunidad Autónoma y el Estado con cargo a sus respectivos presupuestos.

Cuando la Diputación detecte que los costes efectivos de los servicios prestados por los municipios son superiores a los de los servicios coordinados o prestados por ella, incluirá en el plan provincial fórmulas de prestación unificada o supramunicipal para reducir sus costes efectivos.

El Estado y la Comunidad Autónoma, en su caso, pueden sujetar sus subvenciones a determinados criterios y condiciones en su utilización o empleo y tendrán en cuenta el análisis de los costes efectivos de los servicios de los municipios.

b) **Asegura el acceso de la población de la Provincia al conjunto de los servicios mínimos de competencia municipal** y a la mayor eficacia y economía en la prestación de éstos mediante cualesquiera fórmulas de asistencia y cooperación municipal.

Con esta finalidad, las Diputaciones o entidades equivalentes podrán otorgar subvenciones y ayudas con cargo a sus recursos propios para la realización y el mantenimiento de obras y servicios municipales, que se instrumentarán a través de planes especiales u otros instrumentos específicos.

c) **Garantiza el desempeño de las funciones públicas necesarias en los Ayuntamientos y les presta apoyo en la selección y formación de su personal** sin perjuicio de la actividad desarrollada en estas materias por la Administración del Estado y la de las Comunidades Autónomas.

d) **Da soporte a los Ayuntamientos para la tramitación de procedimientos administrativos y realización de actividades materiales y de gestión, asumiéndolas cuando aquéllos se las encomienden.**

Además el RDL 781/1986 establece que la Diputación cooperará a la efectividad de los servicios municipales, preferentemente de los obligatorios, aplicando a tal fin:

a) Los medios económicos propios de la misma que se asignen.
b) Las subvenciones o ayudas financieras que concedan el Estado o la Comunidad
Autónoma.
c) Las subvenciones o ayudas de cualquier otra procedencia.
d) El producto de operaciones de crédito.

2. **La cooperación podrá ser total o parcial,** según aconsejen las circunstancias económicas de los Municipios interesados.

3. **Los servicios a que debe alcanzar la cooperación serán, en todo caso, los relacionados como mínimos en el artículo 26 de la Ley 7/1985, de 2 de abril.**

4. La preferencia entre los distintos servicios mínimos a que alude el número anterior, se determinará sobre la base de los objetivos a que se refiere el artículo 36.2.a) de la Ley 7/1985, de 2 de abril, atendiendo a las circunstancias de cada Municipio y con respeto de las prioridades sectoriales que se determinan en la forma establecida en el artículo 59 de dicha Ley.

5. También **cooperará la Diputación** en la elaboración de planes territoriales y urbanísticos, redacción de proyectos, dirección de obras o instalaciones, informes técnicos previos al otorgamiento de licencias y gestión tributaria, construcción y conservación de caminos y vías rurales y demás obras y servicios de la competencia municipal.

6. Las **formas de cooperación serán**:
a) **La asistencia administrativa** en el ejercicio de las funciones públicas necesarias.
b) **El asesoramiento jurídico, económico y técnico.**
c) **Ayudas** de igual carácter en la **redacción de estudios y proyectos.**
d) **Subvenciones a fondo perdido.**
e) **Ejecución de obras e instalación de servicios.**
f) **La concesión de créditos** y la creación de Cajas de Crédito para facilitar a los Ayuntamientos operaciones de este tipo,
g) La **creación de consorcios** u otras formas asociativas legalmente autorizadas.
h) La **suscripción de convenios administrativos**.
i) Cualesquiera otras que establezca la Diputación con arreglo a la Ley.

Artículo 31. (RDL 781/1986)
La **aportación de los Municipios** para el establecimiento de servicios por el sistema de cooperación, **se fijará en cada caso con arreglo a su capacidad económica,** pudiendo hacerse efectiva con cargo a sus propios ingresos o por créditos de la Diputación provincial.
En este último supuesto, y sin perjuicio de cualesquiera otras garantías, los ingresos que produzca el servicio establecido quedarán afectos preceptivamente al reintegro de los mismos hasta su total extinción.

REGLAS BASICAS Y PROGRAMAS MINIMOS A QUE DEBEN AJUSTARSE EL PROCEDIMIENTO DE SELECCIÓN DE LOS FUNCIONARIOS DE ADMINISTRACIÓN LOCAL

Quien comience a preparar oposiciones a las corporaciones locales sabrá que nada más comprobar las bases específicas de algunas y compararlas entre ellas, existen variaciones en el temario en buena parte de las ocasiones. Se debe a que cada Corporación es la competente para la selección de sus funcionarios, si bien es la Administración del Estado a quien le compete el establecimiento de las reglas básicas y los programas mínimos a que debe ajustarse el procedimiento de selección de los funcionarios de las corporaciones locales. Y en esa regulación y competencias que a cada una le corresponden, deriva la posibilidad para que existan diferencias entre unas convocatorias u otras, al tener la posibilidad cada Corporación Local de complementar los programas mínimos exigidos por la Administración del Estado.

Es el art. 100 de la Ley 7/1985, Reguladora de las Bases del Régimen Local el que nos disipa las dudas en ese sentido:

Artículo 100. (LBRL)
1. Es **competencia de cada Corporación loca**l la selección de los funcionarios con la excepción de los funcionarios con habilitación de carácter nacional.
2. **Corresponde**, no obstante, **a la Administración del Estado**, establecer reglamentariamente:
a) Las reglas básicas y los programas mínimos a que debe ajustarse el procedimiento de selección y formación de tales funcionarios.
b) Los títulos académicos requeridos para tomar parte en las pruebas selectivas, así como los Diplomas expedidos por el Instituto de Estudios de Administración Local o por los Institutos o Escuelas de funcionarios establecidos por las Comunidades Autónomas, complementarios de los títulos académicos, que puedan exigirse para participar en las mismas.

Además la Corporaciones Locales **podrán adicionar a los contenidos mínimos** temario específico de cada entidad local, bien sean sus

Reglamentos Orgánicos, regulación en materia urbanística, u otras materias que consideren necesarias para el adecuado desempeño de las plazas convocadas.

Así es como en uso de esas atribuciones, la Administración del Estado establece las reglas básicas y los programas mínimos a que debe ajustarse el procedimiento de selección de los funcionarios de Administración Local. Lo hace por medio del Real Decreto 896/1991, de 7 de junio.

Deben entenderse las normas de este Real Decreto que definen las reglas esenciales y programas mínimos, como de carácter básico a efectos de lo previsto en el artículo 149.1.18 de la Constitución

Los procedimientos de selección se regirán por las bases de la convocatoria que aprueba el órgano correspondiente de cada Corporación para cada una de las Escalas, subescalas y clases de funcionarios.

CONTENIDO MINIMO DE LAS BASES
Las bases deberán contener al menos:
a) **La naturaleza y características de las plazas convocadas,** con determinación expresa de la Escala, subescala y clase a que pertenezcan, con indicación del grupo de titulación que correspondan a cada una de ellas, así como, en su caso, las que correspondan a promoción interna.

b) **El sistema selectivo** elegido: Oposición, concurso-oposición o concurso.

c) **Las pruebas de aptitud o de conocimientos a superar**, con determinación de su número y naturaleza. En todo caso, uno de los ejercicios obligatorios deberá tener carácter práctico.
Las de la fase de oposición tendrán carácter eliminatorio y en la realización de los ejercicios escritos deberá garantizarse, siempre que sea posible, el anonimato de los aspirantes.
En las pruebas selectivas que se realicen por el sistema de concurso-oposición, la fase de concurso, que será previa a la de oposición, no tendrá

carácter eliminatorio ni podrá tenerse en cuenta para superar las pruebas de la fase de oposición.

En los procesos selectivos podrán establecerse la superación de un período de prácticas o de un curso de formación. En los sistemas de concurso o concurso-oposición podrán establecerse entrevistas curriculares. En los de oposición y de concurso-oposición podrán establecerse pruebas de carácter voluntario no eliminatorio.

En los supuestos de concurso-oposición o concurso se especificarán los méritos y su correspondiente valoración, así como los sistemas de acreditación de los mismos.

d) **Los programas que han de regir las pruebas** y, en su caso, la determinación de las características generales del período de prácticas o curso de formación.

e) **Los Tribunales, que contarán con un Presidente, un Secretario y los Vocales** que determine la convocatoria. Su composición será predominantemente técnica y los vocales deberán poseer titulación o especialización iguales o superiores a las exigidas para el acceso a las plazas convocadas.

f) **El número de miembros de dichos Tribunale**s que en ningún caso será inferior a cinco.

Actuará como Presidente el de la Corporación o miembro de la misma en quien delegue.

Entre los Vocales figurará un representante de la Comunidad Autónoma.

g) **Los sistemas de calificación** de los ejercicios.

h) Las **condiciones y requisitos** que deben reunir o cumplir los **aspirantes.**

i) Los **requisitos** que deben reunir o cumplir los **aspirantes a plazas reservadas** para personas con **minusvalía** así como la garantía de que las pruebas se realicen en igualdad de condiciones con los demás aspirantes.

CONVOCATORIA

El Presidente de la Corporación, una vez publicada la oferta de empleo público en el «Boletín Oficial del Estado» o en el de la Comunidad Autónoma y, en su caso, en otros diarios oficiales, y dentro del plazo legalmente establecido, procederá a convocar las pruebas selectivas.

Las convocatorias respectivas determinarán el número y características de las plazas que deban ser provistas, con referencia a las bases aprobadas por el Pleno, especificando las que sean de promoción interna.

PUBLICACIÓN DE LAS BASES

1. Las **bases de las pruebas selectivas**, así como las correspondientes convocatorias, se publicarán en el «Boletín Oficial» de la provincia, en el «Boletín Oficial» de la Comunidad Autónoma y, en su caso, en otros diarios oficiales o en el periódico oficial de la Corporación interesada.

2. El **anuncio de las convocatorias se publicará** en el «Boletín Oficial del Estado» y deberá contener:

Denominación de la Escala, subescala y clase para cuyo ingreso se convocan las pruebas selectivas, Corporación que las convoca, clase y número de plazas, con indicación de las que se reserven, en su caso, a promoción interna, así como las que se reserven para personas con minusvalías, fecha y número del Boletín o diarios oficiales en que se han publicado las bases y la convocatoria.

EJERCICIOS TEORICOS, MATERIAS COMUNES Y MATERIAS ESPECIFICAS

Ejercicios teóricos.

1. Los programas de los ejercicios teóricos de selección serán aprobados por cada Corporación y contendrán materias comunes y materias específicas en la proporción que determine la convocatoria.

2. Los contenidos mínimos de estos programas serán los siguientes:

A) Materias comunes: Constituirán, **al menos, una quinta parte** de dicho contenido y versarán necesariamente sobre:
a) Constitución Española.
b) Organización del Estado.
c) Estatuto de Autonomía.
d) Régimen Local.
e) Derecho Administrativo General.
f) Hacienda Pública y Administración Tributaria.

B) Materias específicas:
a) Las **materias específicas** versarán s**obre el contenido de las funciones y tareas atribuidas legalmente a la Escala,** subescala o clase a que se refieren las pruebas.

b) En las **pruebas selectivas** para el acceso de la Escala de **Administración General, dos quintas partes de temas** del programa desarrollarán en profundidad alguna o **algunas de las materias comunes enunciadas**. Las **dos quintas restantes** versarán sobre materias **relacionadas directamente con las funciones encomendadas con carácter habitual a los miembros de la respectiva Escala**, subescala o clase de funcionarios.

c) Si se trata de pruebas selectivas para el acceso a la **Escala de Administración Especial**, los programas contendrán **cuatro quintas partes** de **materias que permitan determinar la capacidad profesional de los aspirantes, según la Escala,** subescala o clase de funcionarios de que se trate, así como la normativa específica relacionada con las funciones a desempeñar.

3. La **extensión y profundidad de los programas** se adecuará a los niveles de titulación exigidos y a la especialidad profesional de la correspondiente Escala, subescala o clase de funcionarios.

El número mínimo de temas en que deberán desarrollarse los contenidos enumerados
en este artículo será el siguiente:
Para el ingreso en la subescala del grupo A: 90 temas.
Para el ingreso en la subescala del grupo B: 60 temas.
Para el ingreso en la subescala del grupo C: 40 temas.
Para el ingreso en la subescala del grupo D: 20 temas.
Para el ingreso en la subescala del grupo E: 10 temas.

4. Las Corporaciones Locales **podrán adicionar a los contenidos mínimos** enunciados en el párrafo segundo de este artículo **los temas que consideren necesarios para garantizar en todo caso la selección de los aspirantes** más cualificados para el desempeño de las plazas convocadas.

Ejercicio prácticos

Las pruebas selectivas comprenderán, según la naturaleza y características de las plazas convocadas, uno o varios ejercicios prácticos, tests psicotécnicos, mecanografía, tratamientos de textos, redacción de informes y proyectos, solución de supuestos y otros similares que se consideren adecuados para juzgar la preparación de los aspirantes en relación a los puestos de trabajo a desempeñar.

COMPETENCIAS DE LA ADMINISTRACIÓN DEL ESTADO EN MATERIA DE PERSONAL DE LAS ENTIDADES LOCALES SEGUN EL RDL 781/1986

RDL 781/1986

Artículo 129.

1. **Corresponde al Gobierno** (a propuesta del Ministerio)

a) Establecer los **límites máximos y mínimos** de las **retribuciones complementarias** de los funcionarios de Administración Local.
b) Establecer **límites de carácter general a los gastos de personal** de las Entidades locales, sin perjuicio de los que puedan establecerse en las Leyes de Presupuestos Generales del Estado o en otras Leyes.
c) Establecer las **normas básicas específicas de la carrera administrativa**, especialmente en cuanto se refiere a la **promoción y movilidad**.
d) Aprobar los demás proyectos de normas básicas de aplicación a la función pública local que deban revestir la forma de Real Decreto.

2. **Corresponde al Ministerio** :

a) **Establecer las norma**s con arreglo a las cuales hayan de confeccionarse en las Entidades locales las **relaciones de puestos de trabajo**, la descripción de **puestos de trabajo tipo** y las **condiciones** requeridas **para su creación**.

b) En relación con los <u>funcionarios con habilitación de carácter nacional:</u>
1.º El desarrollo de su régimen legal general.
2.º La convocatoria de las pruebas selectivas para el acceso a los cursos para la obtención de la habilitación y la aprobación de las bases y programas correspondientes.
3.º La expedición de los títulos acreditativos de la habilitación de carácter nacional a quienes superen los cursos de formación.

4.º El establecimiento de las normas básicas de los concursos para la provisión de las plazas reservadas a funcionarios con habilitación de carácter nacional, incluyendo los méritos generales de preceptiva valoración.

...

7.º Las acumulaciones y comisiones de servicio de funcionarios con habilitación de carácter nacional, cuando excedan del ámbito territorial de una Comunidad Autónoma.

8.º Acordar la destitución del cargo o la separación del servicio de los funcionarios con habilitación de carácter nacional previo expediente instruido al efecto en la forma prevista en los artículos 149 y 150 de esta Ley.

3. **Corresponde a los órganos de la Corporación local**, según la distribución de competencias prevista en la Ley 7/1985, de 2 de abril, las restantes competencias en materia de personal a su servicio y, en particular, las siguientes:

a) La aprobación de plantillas y relaciones de puestos de trabajo y sus modificaciones.

b) El establecimiento de escalas, subescalas y clases de funcionarios y la clasificación de los mismos.

c) La determinación del procedimiento de ingreso en las Subescalas de Administración Especial.

Los acuerdos de las Corporaciones que versen sobre estas materias deberán ser comunicados al Ministerio de Administración Territorial, y al órgano competente en materia de régimen local de la Comunidad Autónoma, dentro del plazo de treinta días, a partir del siguiente a la fecha de su adopción, y sin perjuicio del deber general de comunicación de acuerdos a que se refiere el artículo 56.1 de la Ley 7/1985, de 2 de abril.

Printed in Great Britain
by Amazon